图书在版编目(CIP)数据

回忆中西女中(1949~1952) / 陈瑾瑜 编；中西女中校史编写组组编.
上海：同济大学出版社，2016.7
ISBN 978-7-5608-6389-4

Ⅰ. ①回… Ⅱ. ①陈… ②中… Ⅲ. ①中西女中－校史－1949~1952
Ⅳ. ①G639.285.1

中国版本图书馆CIP数据核字(2016)第126881号

回忆中西女中(1949~1952)

著　　作：陈瑾瑜 编
责任编辑：陈立群(clq8384@126.com)
视觉策划：育德文传
封面设计：陈益平
图文制作：乔　荣
责任校对：徐春莲

出版发行　同济大学出版社　www.tongjipress.com.cn
(地址：上海四平路1239号 邮编：200092 电话：021-65985622)
经　　销　全国各地新华书店
印　　刷　上海锦良印刷厂
成品规格　170mm × 240mm　224P
字　　数　280 000
版　　次　2016年7月第1版　2016年7月第1次印刷
书　　号　ISBN 978-7-5608-6389-4
定　　价　58.00元

McTyeire School (1949～1952)

回忆中西女中

中西女中校史编写组组编
陈瑾瑜 编

同济大学出版社

特别鸣谢

为编撰出版《中西女中校史系列》

上海市第三女子中学提供部分资助

下列校友提供捐助(依届别排序):

(1935)(王琰卿),(1937)谈掌珠,(1939)方秀蓉,(1941)丁毓明,(1942)陶锦璜、欧阳美生、江 漪,(1943)郭雅嫦、卞篪年,(1944)武凤岐,(1945)黄英瑜、曾汝剑、江圣婉,(1946)蔡詠芳、王乃先、邓稚凤、陈云德、徐景奂、徐美贞,(1947)陈晋明、张 珑、邱锦来、刘泽墀、朱蕴文、黄曼筠、孙菊芳、曹珍家、(刘懿芬)、席与时、(苏曼嫦)、陆佩丽、汪一鸰、陈赛丽、张罗罗,(1948)郑静渊、高明珠、薛 瑞、郭惠馨、孙蕙芳,(1949)李佩娟、朱英芬、陈桂珩、武明贤、汪锡苓、宋宝璋,(1950)朱丽中、孙以恭、曹云云、陈撷英、荣智育、李文献、王明蕃,(1951)张婉琼、梁翰芬、奚慕时、陈宗慈、吴元明、李保馨,(1952)缪道英、朱亚韫、江贺利、王培芳、孙鳞君,(1953)凌又融、林泳娴、林太琏、苏肇瑛、韦英兰、陈掬英,(1954)陈佩瑜、(1955)李文杰、袁经楣,(1956)毛正行,(1963)王舜如,(1986)蒋世琳,(2000)孙科涵,共76人。

名字加括号()者表示捐助人已去世

目 录

演戏——中西的好传统

1949届　罗明凤(罗炯)

中西女中的校园生活丰富多彩，生活在校园中会感到十分愉快。

中西各班级都有级色和级花，而且是代代相传，即由姐姐班传给妹妹班。初一的姐姐班是高二，初二的是高三，只有初三和高一没有姐妹班。姐姐班中长得漂亮，戏演得出色，或球打得好的同学，就会有许多妹妹喜欢她。每当姐姐班的明星人物出现在校园时，就会有一群妹妹班的学生跟着喊："某某某喜欢你！"把喜欢她的小女孩推到前面，小女孩羞涩地低着头，看也不敢看，扭头就跑开了，同学都哈哈大笑。这样的场景在校园中天天都会发生。

中西非常重视演戏，薛正校长说："演戏是最好的教学。"所以在中西上学，演戏是经常的活动。每周有一次小演出，安排在周三上午上课结束到午饭之间的15分钟，各个班级轮流上演节目，可以是短剧，也可以是演讲等别的内容。记得在初二时，我班演出的节目是讲英语小故事。由英语老师负责，每个同学写一个英语故事，我的英语在班上属于差的，但是我写的故事却被选中了。老师给我们练习了几次就上台表演了，讲得好不好自己也不知道，但是这次演讲却让我对英语学习产生了兴趣，而且有了信心。此后我经常去图书馆借阅英文的故事书，先看简单的，后来就读原著，一些英文名著，我都稀里糊涂地读完了。对我英语水平的提高，起了很大的作用。记得在高一时，我班排演一个古装话剧，剧中有县太爷、衙役和农民。我扮演一个老农民，台词很简单，被判打板子，被拉下去时要大喊："老爷，冤枉！"我用力大叫三声，很是凄厉！至今印象很深。

我入学的头一年，是1944届学姐毕业，要演一部大戏《清宫秘史》，由吴国珍演光绪，武凤歧演珍妃，在兰心大剧院演出三场。吴国珍很漂亮，演得也潇洒自如，引得全校的小女生们疯狂追捧。武凤歧是我家隔壁一户的大女儿，演得也好，后去美国，还回校捐款修实验楼。到1946级毕业时演出的是《孔雀胆》，后面几届演的有英文《傲慢与偏见》《荆轲刺秦王》等。我们1949级毕业时是自编的一部戏，讲富家女子参加革命的故事，由我担任主演，演得如何，不得而知。只是在一个洗衣场景，露出手上戴的手表，台下同学就吃吃地笑，使我不知所措。

1942级演出《西施》

我深深地体会到演戏对培养学生才能起到很大的作用。年轻人都喜欢表演，对演戏的兴趣很大。扮演不同的角色就体会到各种不同的生活，增长许多社会知识，而在台上表演使人很大方，不拘谨，不羞涩。我老年时办儿童英语学校时，就提倡让学生在课堂上表演一些小故事。记得有一课叫“买衬衣”，讲一个售货员迷恋看电视球赛，顾客来买衬衣，他拿出裙子，顾客要买蓝衬衣，他又拿出白衬衣，闹了笑话。对话很简短，儿童们十分有兴趣上课堂前面表演，演了几遍都还要演。所以我教的儿童都有好的听力，能开口讲英语，不怕与外国人交谈。每学期期末都要举办一次大的家长会，各班学生要演出节目，可以唱歌、演小戏、讲故事等等，十分活跃。在儿童英语学校学过的孩子，如今很多在国外留学，都有很好的英语基础。因为是继承了中西的教学传统，所以取名为“成都中西儿童英语学校”，在成都市小有名气，如今仍在继续办。

1944级演出《清宫怨》

1946级演出《孔雀胆》

(2014年9月23日)

母校的文化精神是我生活的动力

1949届　卞敬容

我是1943年考入中西女中的，在中学的六年里我一直偏爱上英语课和音乐课。当时的音乐老师是个外国人，我清楚地记得她叫Miss Haris。我当时是唱诗班的一员，也是四女高音中的一员，每周都会在大礼堂做礼拜、唱赞美诗。我在中西女中生活了六年，在大礼堂独奏过钢琴，表演过小合唱、三重唱，音乐丰富了我最美好、最青春勃发的六年。在这六年中，我沐浴在母校的音乐氛围中，对音乐的爱深深扎根在我的心中。

1949年毕业后由于父亲不赞成搞文艺，没能如愿报考音乐学院，又按父亲的旨意，我从圣约翰大学英语系转入新成立的新闻系。原想三年内把学分学满，第四年可以专选英语专业科目，没料国家急需大量新闻工作者，所以第四年全系学生加上复旦大学新闻系三年级学生一起由政府送往北京中共中央宣传部干部训练班集中学习党史。一年后，领导照顾我对文艺的偏爱，被分配到中央人民广播电台文艺部音乐组工作。我真是如鱼得水，十分高兴。在8年的编辑工作期间，随时可以欣赏各种类型的中外乐曲，经常观赏中外著名演员或团体的演出，使我对音乐的感悟逐步加深，音乐知识逐步长进。

我用心编辑节目和写播音稿，大胆试探如何打破呆板的编写，努力探求一种能吸引听众的播音形式，使播音员的话语能生动活泼地将乐曲介绍给听众。音乐部主任很赏识，曾两次将我富有创意的稿件呈送给台长批阅，竟然都得到台长亲笔批示的赞扬。当时，尤其对音乐节目的播音稿子来说，是非常难得的事。

1958年整风“反右”运动的大潮奔涌。运动结束，我被下放到东北大庆油田附近的安达县(现已改为安达市)工作。在我的要求下，老伴与我同行。立时从住普通楼房转而住带炕的土坯房，从吃大米饭白面馒头换吃玉米面糊糊和窝窝头，真是一落千丈。可是母校校训*Live, Love Grow*永远响在耳边。我在一所普通中学里任教音乐课，从中不断找

2008年卞敬容在家里

到乐趣。除去我思念尚在北京奶奶家的孩子曾流过泪之外，没叫过苦。艰苦培养了我们勤劳生活的习惯。两年后随老伴工作需要转入牡丹江市，我又被分配到市重点中学任教音乐课，根据学校工作的一点经验，我抓紧利用业余时间编写歌舞节目，组织学生排练。过年过节由团支部带领去慰问部队疗养院的战士们和敬老院的老人们，因而年终时学校文艺组获得集体荣誉奖，个人被评为先进工作者。看来母校的音乐教学使我受益匪浅，是音乐开发了我的智慧和心灵，让我感受到音乐的无限魅力。它潜移默化地培育我对工作认真细致的态度和对人生乐观的精神。

半年多后又随老伴转入齐齐哈尔市，我被选定到省重点中学任教英语，这对我是新科目，要求高，工作起来不那么轻松。好在我不是师范生，也不懂什么巴普洛夫教学法，于是就回忆中学时代老师的教学方法，那是从不叫我们机械地死记硬背做无数练习题的方法，而是在大量阅读和运用语言表达中熟悉单词，懂得语法，从而熟练掌握外语这门工具。我因此决心打破整堂课老师主导、老师说学生听，老师写黑板学生抄笔记的局面，遵循学习语言的规律，倡导“听说领先，读写跟上”的教学法。课堂上学生和老师互动，气氛十分活跃。学生对语法学习很头疼。我强调“语法是为语言服务”的概念，只有运用“提高语言能力，掌握语法知识”的方法来学习。这样一来，好多学生由厌烦而转为喜欢上英语课了。学生学习的再不是哑巴英语，听说读写能力有所提高。这种教学法得到校、局领导的认可，因而我开过多次全市性的观摩课，在全市英语教学中起到带头作用。

1978 年我被调到市教育学院，是为提高本市部分在职教师的英语水平而设立的大专业余学习班。因为采用大学教材，我必须努力学习和备课，在大家的努力下，两届学员考试合格毕业。我负责的教研室连续在 1983 年、1984 年被评为先进集体，我光荣地连续两年被评为教育系统先进工作者。我撰写的《关于成年人语音教学的探讨》及《如何提高成年人的阅读能力》两篇论文在省外语教学研讨会上发表。接着为培训齐齐哈尔市周边各县中学英语师资，学院设立两个脱产学习大专班。我负责一个 40 多人的大班，学员中有的是改行的，有的只有俄语基础。当时采用的是北京外国语学院的最新教材，要求周一到周五每天上午四节课。我当然加倍努力自学，结合学员实际情况和要求，本着深入浅出、精讲多练的原则，备大量的课，经常写教案到深夜。整整两年胜利完成任务，学员们经过统考成为合格教师，有的已成为单位的教学骨干。

1986 年我获得教师荣誉证书，并评为副教授。1987 年退休后也没闲着，有原来中学学生又找来，请我辅导他的下一代学习英语。1993 年迁居哈尔滨后，继续为小区的孩子们辅导学习英语，时而辅导孩子钢琴初级课程。2003 年迁居天津。

2010 年，在天津举办的“永安杯金歌汇”合唱比赛中，我参加了比赛，受到了社会的关注。至今我已年过八十，年已迈，发已白，可仍在小区合唱团里发挥余热，并辅导孩子们英语学习。

忆昔日母校每位教师认认真真，实事求是的教学态度给我留下深刻印象，教师从不发怒生气，呵斥学生，始终鼓励学习的和蔼态度深深印在脑中。我也本着这种精神进行了几十年的教学。

（2011 年 11 月 15 日）

怀念瞿明明同学

1949届　罗明凤

明明是引导我走上革命道路的引路人，她是我的入党介绍人。在她的引领下，中西女中有了第一个中共地下党的党小组，开展了一系列的革命活动，使数百名象牙塔里的女孩子，沐浴到革命的阳光。很多同学陆续参军，参加革命工作。我们是不能忘记这位领路人的。

我在 1949 年 7 月参加西南服务团后便离开了上海，长期在外地工作，但只要有机会回上海探望父母，总忘不了和明明见面，相互交谈近况。在明明高中毕业那年，因为母亲突然病故，留下五个子女，明明是大姐，不得不担负起照顾弟妹的责任，因而不能继续升学，就参加了工作，安排在静安区的卫生科当干事。

大约在 1953 年，我从北京调回四川工作，绕道上海看望父母，趁此机会见到明明，交谈中得知她已结婚，丈夫姓张，是从清洁工人中提拔的干部。她告诉我她生病时，老张照顾她，对她很好。明明身体不好，我是知道的，她从小就有哮喘病。我们在一起做地下工作时，住在张启莹家中时，她就发病数次，哮喘很厉害，气上不来，脸涨得通红，把我们这群女孩子都吓坏了，不知道怎么办。她却很镇定，说，“我有药，吃了就好了。”她好像吃的是麻黄素之类的药。果然休息几天后，她又精神抖擞地和大家一起到处奔走。这次见面时间很短，对她的情况了解不多，只是感觉到区里对她不重用，为什么我也弄不清楚。1957 年我在中国人民大学学习时被打成右派，我再回上海，也无脸去看老同学了。

1959 年我摘掉右派帽子，分配到兰州工作。1960 年以后回上海时，和明明见过数次。她那时在街道工作，家住在一个里弄房的客堂间，只有一间房子，条件很差。虽然在这样条件下，明明和我交谈中一直是很开朗很精神的，就像当年我们在学校时那样，

瞿明明、罗明凤、汪绍兰参观校史馆

积极、热情，毫无怨愤消极的情绪。改革开放后，我回上海次数多了，见面的机会也多了，这时明明的处境才略有改善，分配到一小套电梯公寓的楼房，工作也换到上海社科院宗教研究所。但是明明的身体却日渐差了，每次见面，她都带一种喷雾药。她说走路走不动可以骑自行车，车一停下她就往口里喷药。这种情况下她还积极工作，收集了解中西女中历史上和中共地下党有关系的校友的资料，留下了几万字的详细素材。到上世纪 90 年代后期，她的身体越来越差，我们几次都是在医院里见面的。她还是在积极努力和同学们联系，做一些工作。2009 年是我班毕业六十周年，2008 年我正在计划搞我班纪念活动，电话上和明明联系，她说她也正在筹备她们班 2010 年的毕业六十周年活动，打算给每个同学做一件背心。我说那很好啊！后来好长一段时间没有联系，2009 年我到上海时，才知道明明已经去世了。真是天不从人愿，怎么不让我再见上亲爱的明明一面呢。为此，我难过了好几天。

后来，我从其他方面才逐渐了解到瞿明明的家庭背景。她的外祖父是张静江，民国时期赫赫有名的风云人物，曾大力支持孙中山的革命活动，和蒋介石亲如兄弟，后来意见不合又和蒋分手了。明明的母亲是张静江的大女儿，但明明的父亲是个花花公子，解放前夕，逃到香港，另有女人，把明明一家扔在上海再不管了。明明一家是住在张静江为女儿购买的一套公寓里，即是有名的毕卡第高级公寓，现在的衡山宾馆。明明出生在这样的家庭中，难怪在极左思想占上风时，一直不受重用。她的聪明才智，她满腔革命热情都没有得到发挥，真是太令人惋惜了。

但是她却从不改热情、乐观、积极奋进的性格，也不向我吐诉她的苦衷。她无论在什么岗位上，都是奋力为党工作，为人民服务。只是因为我离得太远，不了解她的那些动人事迹，无法记录下来。明明，你是坚强的革命战士，你是我永远怀念的战友！

（2014 年 12 月）

我在中西女中入党

1949届　罗明凤

1948 年 6 月，校学生自治会要进行一年一度的改选了。按中西惯例，每年暑假前由校方提出两名高二班的同学作为候选人。这次的候选人中有我和另一名同学。我很不在意这件事，一来自治会很少开展什么活动，形同虚设；二来我认定我绝不会当选，因我不是打球、演戏、唱歌的风云人物，在全校的知名度极低，而另外一名候选人，比我活跃。哪知一场竞选活动却悄悄地在校内进行着。

比我低一级的同学瞿明明，通过参加学生礼拜堂的活动，和地下党建立了联系。当时上海很多中学都有地下党组织，而中西是个空白点。党组织急于打开中西的局面，学生会就成为突破口。瞿明明按上级意图，多方了解几个候选人，从教过我的语文先生和黄坚如老师处得知我有些正义感，对国民党不满，便在她的班上和她妹妹的班上，发动同学们选我，有的还到各班去动员："大家都选罗明凤，好哦？"据说动员时并未讲什么理由，只有这么一句简单的话，效果却十分显著。选举时，我居然得到绝大多数同学的举手拥护，我在惊讶中走上主席台，发表简短的就职演说，校方大概和我一样惊讶吧！

担任学生会主席后，瞿明明和一些较进步的同学，陆续进入学生会担任各部部长，但我对学生会要开展什么活动十分茫然，对瞿明明也比较冷淡。后来她多次主动找我，借给我一些进步书籍，随着我逐步觉醒，又让我看毛泽东的著作，使我对党有了一点认识。学生会也开展一些活动，与社会上的学运相呼应。比较顺利的一次是给灾民募捐，同学们纷纷捐钱、捐衣物，校方未加干预。比较激烈的一次是抗交学费。就在 1949 年春季开学后不久，各大中学爆发抗交学费运动。因学费上涨很多，许多学生交不起钱，我们学生会几个人劲头也很足，想轰轰烈烈地开展这场斗争。我到大自修教室给同学们作动员报告，慷慨陈词，同学们也热烈拥护，一致举手通过。校方一看形势不对，马上采取对

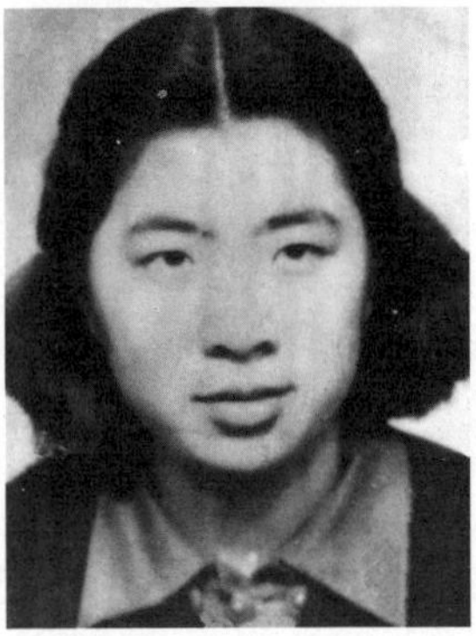

中学时代的罗明凤

策，在校方恐吓下，同学们一个个乖乖地把钱缴了，大家垂头丧气只好认输。这次斗争虽然失败了，但给校方以极大震动。

1949 年 3 月的一天，瞿明明到我家来。在我的小房间里，她悄悄说："有人劝我参加共产党，你看参加哦？"我说："当然要参加！"她问："你想参加？"我答："想是想，就不知道共产党在哪里？"她说："当共产党要坐牢，弄不好还会杀头，你不怕？"我笑笑："那么多共产党都不怕死，我有什么好怕的。"那时，白色恐怖笼罩上海，我认为，为国家为民族英勇献身是值得崇敬的，因而无所畏惧。瞿明明见我态度坚决，便让我写个入党申请书。我记得我的申请书主要写我认为只有中国共产党才能救中国，使中国富强起来。过不久党组织派王芷涯找我谈话，我和王芷涯见面很富戏剧性，因互不相识，瞿明明告诉我接头的暗号。王芷涯按时来了，我去开门，她知我是罗明凤后，便问我有一本书吗？（书名忘了）我回答没有，只有另一本书，问她要看吗？两本书名对上就接上头了。王芷涯主要了解我的社会关系和对党的认识。此后，瞿明明又和我商量，在我们班上是否有合适的同学可以发展成党员，我仔细想想，觉得平日和我十分要好的几个同学对共产党都比较冷淡。只有汪绍兰虽和我不很熟，我却感到她有进步思想。汪绍兰原比我高一班，因病休学后到我班读书，平时沉静，话语不多，与我和瞿明明热情开朗的性格截然相反。瞿明明找绍兰数次，感到她是靠拢共产党的。一天在她家里，我们故技重演，讲："有人介绍我们参加共产党，你看要参加吗？"绍兰很爽气，说："要你们参加就参加嘛！"又问她："那你参加吗？"她说："你们都参加，我也参加好了！"于是我们又增加了一个同志。汪绍兰的哥哥是地下党员，她受哥哥的影响，早就有了入党要求，所以能很顺利地发展她为党员。

四月的一天，王芷涯同志到我家，在我住的小房间里挂上鲜红的党旗。党旗下王芷涯领着瞿明明、汪绍兰和我，一句一句地念誓词。誓词内容主要是为共产主义事业奋斗终生，永不叛党；一切为了党的利益，甚至献出生命；以及服从纪律，遵守秘密等。这些内容深深印入我的脑海，终身不忘。

宣誓后成立了中西女中第一个共产党小组，由瞿明明任组长，受王芷涯领导。党小组经常碰头的地点是静安公墓，公墓安葬的多为外籍人士，有浓郁的西洋风味：平铺的墓碑，死者的石雕头像，带翅飞翔的安琪儿，以及树木绿荫，十分清幽。我们便在偏僻的角落里，坐在石阶上，按照上级指示，研究在中西如何开展工作。

罗明凤参军后与表姐合影

1949 年 4 月 1 日，南京学生向国民党政府请愿，要求政府接受中共提出的八项和平条件，却遭军警特务凶殴，两名同学被打死，一百多人受伤，引起社会各阶层的强烈愤慨。交大学生会来我校和学生自治会联系，要求组织活动悼念。瞿明明和我们一起研究后由学生自治会召开全校动员大会，我给同学们讲“四一惨案”的经过。动员大会后，各班都积极行动起来，自行开追悼会，请交大学生会转达我们的声援。老师同学纷纷捐钱、捐物。特别是住宿的同学把零用钱、食品、补品都捐出来了。张小如先生捐了金戒指，袁炜彤先生也捐了不少钱。这些东西都给交大代表转去南京。在同学中发动写信，签名声援南京同学，签名的同学和老师也十分广泛。

虽然“四一”惨案在学运史上不算一个十分重大的事件，但对中西女中而言，却是一次转折性的活动。全校师生如此广泛地动员起来，参加这种政治色彩十分强烈的活动，在中西校史上是很少有的。它起到了教育师生和组织队伍的作用。

1949 年 4 月 21 日，解放军横渡长江，解放了南京，接着很快攻下常州、无锡、苏州等城市。上海快要解放了。上级党指示我们，组织护校斗争。我们商议决定，由学生自治会召开全校学生大会进行动员安排。为免校方阻拦，我没有通知校方。那天下午，我按原计划去拉电铃，集合同学，不料被训育主任发现，她把我紧紧抱住，我努力挣扎，幸好她比我矮小，我才得以挣脱，伸手用力拉动铃绳，一时铃声大作，同学纷纷向礼堂涌去。我庆幸能冲破阻力把同学召集起来了，便兴冲冲地登上主席台，向大家讲形势和如何组织护校斗争。同学们正在议论时，校方突然宣布停课，让同学们回家去。许多同学一听停课，纷纷站起来走了，会场大乱。我站在台上，急得手足无措，不知该怎么应付这种场面。好在还有七八十个同学留下来，表示愿意参加护校斗争。后来就将这些同学组织成护校队，下分宣传、保卫、救护三个组。我负责救护组，带领二十多个同学到上海医学院去学习救护和包扎，并得到一批止血药品及药棉绷带等。在护校工作中涌现了一批积极分子，从中个别发展了十几个新民主主义青年社（地下党的外围组织）社员。

为了让上海人民了解党的政策，上级党布置新青社员秘密散发《中国人民解放军布告》，即约法八章和《告上海人民书》。这些传单是在我家四楼上印刷的。没有油印机，就用图钉把刻好的蜡纸固定在一张旧桌子上，蜡纸下摆好白纸，用刷子醮上油墨一张张地刷。那天晚上我和瞿明明正刷得起劲，看看传单，字迹清楚，很是高兴。突然街上响起了凄厉的警车呼啸声，不一会有脚步声走上楼来，紧闭的房门被推开了，我们吓得愣在那里，心都快跳出来了。一看进来的是我母亲，她看看我们在印传单，一句话也没说就转身走了。我和瞿明明才松了口气，那时白色恐怖笼罩上海，上级党通知我们，准备一个隐蔽的转移处，以防万一。我笑着对瞿明明说："我没有什么亲戚朋友家可以去躲躲，实在危险就藏在这里。"我指着靠墙的一个衣柜告诉她，那后面有个暗室，是储藏东西用的。她也说："我也没地方躲，我们都躲在那里好了。"传单印好，她拿去交给新青社员分头散发。第二天早晨，天不亮我就出门，将准备好的传单塞进附近居民的信箱里。每投一次就紧张地观看有无过往行人，投进信箱时更是心中怦怦乱跳。全部传单投完，那种兴奋愉快，大概只有做秘密工作的人才能体会到。

1949 年 5 月下旬，上海临近解放，工作更繁忙了。为了便于工作，就以张启莹同学的家作为活动中心。张启莹的父母已经去了香港，只有她坚决不走，留下来了。一幢小洋楼由她支配。我们放学后，便到她家里做小红花、红五星，写标语、印传单等。有时太晚便集体住在她家里。

5 月 24 日，解放军攻打上海的炮声在市区都听得清清楚楚，街上已有流弹，学校决定停课。我从学校回家时，行人已极稀少了。家里紧张，既怕炮弹打中房子，又怕国民党军队溃退时趁机抢劫。于是全家躲在地下室中间狭窄的过道里，认为这地方最安全，提心吊胆地靠墙坐了一夜。第二天早上(25 日)，觉得外面很平静，但还不敢出门。这时，电话铃响了，有个同学告诉我，解放军已入城。我赶紧上街去看，街上已有不少人了，听人议论解放军就驻扎在附近的徐汇区公安局里，昨晚露宿街头，不进民房，大家都赞扬解放军纪律严明。那天上午，我们中西人民宣传队的同学都集合起来，上街宣传解放军的约法八章。三个人成一组，找个凳子就站上去讲，吸引了许多群众围观。一些商店本来不敢开门，在我们宣传下开门营业了。那段时间，我们白天活跃在街头，晚上就住在张启莹家中。我们聚集在一起，谈白天的宣传情况，研究安排第二天的工作，有时争论得面红耳赤，多的时候却是又说又笑，兴奋极了，打闹到半夜。一件事做成功了，大家眉飞色舞，某件事没办好，却互相埋怨，甚至吵架哭鼻子。

学校不久恢复上课，但宣传队的工作并未停止。大草坪上腰鼓队敲得威武雄壮；革命

罗明凤在北大与陈怀琳合影(1998.5)

歌曲唱得欢乐愉快；秧歌队扭得红绸飞舞。学生会组织同学到交大参加营火晚会去了不少的人。学校对面驻进解放军第27军政治部，他们的政委和我们的党小组、学生会取得联系，邀请党员和一些积极分子观看部队演出的《白毛女》、《血泪仇》歌剧，看得个个流眼泪。在庆祝上海解放的集会上，请27军的文工团来校表演节目。中西第一次开进了解放军，并登台表演军乐，对同学们鼓舞很大。总之，中西校园发生了天翻地覆的变化。

6月底学校为我们班举行毕业典礼。这时，我已经报名参加西南服务团了。毕业典礼仍按中西传统方式进行，我班同学统一着粉红色短袖旗袍，胸襟上别一支红玫瑰花，这是我们的级色和级花。全校同学端坐大礼堂内，校长致辞后，发毕业证书。每叫一个名字，被叫同学就从台右走出，接过证书从台左侧下去，同学们鼓掌致意。掌声的热烈程度，很能显示这个同学在全校的影响。我在后台等候时还有些忐忑，我这革命的学生会主席能受到多少同学的拥戴呢？未曾料到当喊罗明凤时，全场掌声雷动，我娉娉婷婷地走向校长，接过毕业证书转身向台下鞠躬致谢时，同学们的情绪更为热烈，阵阵鼓掌，使我激动不已。中西啊！我的母校，你终于敞开胸怀，欣然接受革命的洗礼了。这热情的鼓掌难道仅仅为我吗？当然不是，这是为大上海解放，为即将诞生的新中国而鼓的掌啊！

象牙塔里的两扇“窗”

1949届　汪绍兰

我是1942年考进中西女中的，理应1948年毕业。因为中途患病时间长，缺课多，学习跟不上，在高二年级留下一年重读，所以到1949年毕业。

回顾我七年中学生活，初中阶段是政治幼稚、生活单纯的少年；高中阶段，抗日战争胜利了，日本无条件投降了，但国民党却发动了内战，迫害进步力量。在其反动统治下，物价暴涨，民不聊生……现实让我不安，蕴藏了不满。当时上海各界争取民主和平，反饥饿、反内战，反迫害的斗争，一浪高过一浪。党的影响和进步力量终于冲破了我们这个被称为象牙塔的教会女校，我也在党的影响教育下逐步成长，1949年4月加入了中国共产党，成了校内一名地下党党员。

一想起母校，一幅美丽图画立刻会显示在眼前：一片宽广而终年翠绿的草坪；爬满了常青藤的“龙墙”；在长而曲的花廊两侧，香水花、月季花、红白色玫瑰、含笑花互相争艳，四季不断；教室明亮宽敞，两层楼大礼堂两旁的彩色玻璃绚丽耀眼；图书阅览室里藏储着很多中外世界名著；化学、物理实验室里有着其他中学不具备或不多见的仪器设备。放学后，琴房里传出了悠扬的钢琴声；体育房、健身房里观战球赛的助威声、欢笑声一阵高过一阵……

在我的记忆中，特别难忘的是象牙塔的两扇“窗”。

抗日战争胜利后，母校由华山路迁回江苏路。暑期开学，班级里转来不少新同学，她们来自抗日后方——重庆，其中有“党国要人”之女，有进步爱国民主人士女儿。新同学带来了新信息，使一向相当闭塞的班级政治气氛活跃了起来。我们利用教室内一间小壁橱(约1.5平方米)，架上木板，放上书籍，自己办起了一个小小图书馆，木架上的进步书籍有茅盾的《腐蚀》、陈白尘的《清明前后》、艾思奇的《大众哲学》，还有《苏联卫国战争中战斗英雄》《卓娅与舒拉》等。同学们不仅喜欢看，还自发地开展读书交流和讨论活动。我从这个小“窗”口中，逐渐懂得了革命道理，开始思考人生观和世界观的真谛。此后，“窗”口逐步扩大，读书会、时事讨论会、壁报等活动在许多班级中先后举办起来，倾向进步的同学也逐渐增多。

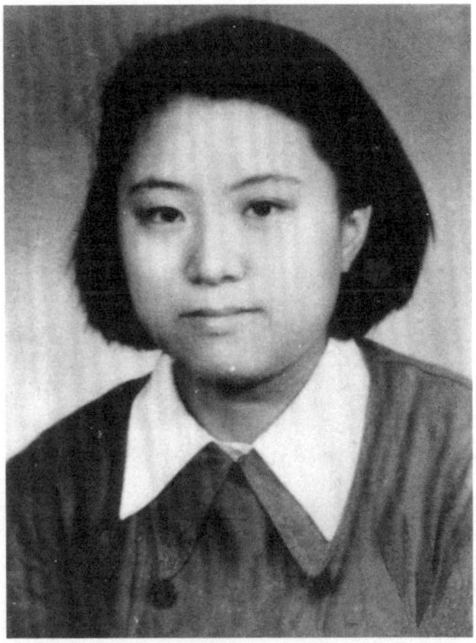

中学时代的汪绍兰

母校迁回江苏路原址后，被破坏了的学校围墙尚未修复，常有些穷苦孩子闯入校内拾破烂。见这些孩子无钱念书，又十分羡慕中西校园，张小如老师动了心。在得到薛正校长的赞同后，校内又办起了义务小学，招收附近的穷苦孩子入学。根据学生原有的文化程度，开办了特、初、中、高四个年级。从1946年开始；每年约有10余名毕业生，从“义小”领到了毕业证书。张小如老师组织高中年级一些品学兼优而又热心的同学担任“义小”的小先生．小先生通过教学与家访，受到很大启发、教育和锻炼。小先生们看到了劳动人民在死亡线上挣扎的情景，与各自的优越生活相对照，开始思索社会贫富悬殊的原因，逐渐认清国民党政府的反动腐朽本质，从而提高了追求革命真理的政治觉悟。通过这扇“窗子”，让同学们接触到了社会，接近了劳动人民，受到革命真理教育。在“义小”的小先生队伍中培养了一批要求进步的积极分子，有的参加了中国共产党，有的参加了新民主主义青年团。

半个多世纪过去了，每当老同学会面时，谈起中学时代的生活，就会想念母校这两扇伴随着我们成长的“窗”，回忆起我们从“窗”向外望到的一切……

今年正逢我进校60周年，难忘啊，亲爱的母校！

（写于2002年）

她把余生献后生[1]——记中西1949届校友汪绍兰

陈瑾瑜

1942 年，在抗战的炮火声中，汪绍兰进了中西女中。初中阶段，她在日军铁蹄下生活，看到了民族的屈辱。抗战胜利后，内战的枪声又响起，让汪绍兰感到迷茫——中国究竟去向何方？谁又能真正拯救中国？在中西校园里，她在班级小图书橱里读到了许多进步书籍，通过读书交流，时事讨论，开始懂得革命道理，思考人生观和世界观。又通过参加义务小学的工作，了解社会底层人民的生活。在一次次参加进步学生运动后，汪绍兰明白了，只有共产党才能救中国。1949 年 4 月她加入了中国共产党，成了中西女中最早的 3 名中共地下党员之一。

1949 年从中西女中毕业后，她一直在教育岗位上，从中学教师到教育局干部，到中国纺织大学教学管理处(原华东纺织工学院)，她一直在为教育和培养祖国的下一代奉献力量。

离休以后，1989 年开始她参加了“关心下一代”的工作，26 年来她为 4 个青年群体服务，先后被武夷中学、上海现代职校、开元中学、天山中学、姚连生中学、市三女中等校聘为校外辅导员。她为要求上进，品学兼优的好青年插上理想的翅膀；为身处困境的苦孩子送温暖；向生活贫寒的少年助以援手；让“大墙”内的失足少年懂得做人的道理，树立重新做人的信心。

她说：“我对关心下一代进行思想道德教育的认识，起初视之为‘任务’，而后意识到自己有‘责任’，至今更加明确是我终身为之奋斗的革命事业。”

她先后担任长宁区华阳街道关协(关工委)副会长，长宁区关爱组副组长和报告团成员，天山街道关工委顾问，东华大学关工委委员、讲师团成员。二十多年来，她一直

① 根据资料综合整理。

活跃在讲台上，在社区里，在大中小学校里，以亲身经历为青年学生和教师做爱国主义教育报告。

二十多年来，汪绍兰与很多青少年交上了朋友，归纳起来可以分为四类：一类是好青年，他们政治上要求进步，学习上刻苦努力，往往是团班干部；一类是苦青年，他们生活在单亲或父母双亡的家庭，缺少家庭温暖和关爱；一类是穷青年，他们家庭经济条件极差，平时生活十分困难；一类是失足犯罪青年，关进大墙改造。要帮助他们树立起正确的人生观、世界观和价值观，做一名有益于社会和祖国四化建设的接班人。

在汪绍兰帮助的青年中，有一个是她参加上海市慈善基金会助学活动结对的小张同学。当时他还是复旦中学预备班的学生，学习优秀，思想纯正，生活在单亲家庭，经济比较困难。汪绍兰不仅在经济上给予资助，也在思想上给予帮助，小张成长为一名优秀学生，以后又考进交通大学，入了党。小张说："在六年中，汪老师每年不仅给予我学费的援助，还不断给我前进的动力，关注我懂得了什么，学会了什么，鼓励我参加社会实践，为我买了许多好书，引导和教育我如何做人。我如愿考取了上海交通大学，今后

1949届中西老党员汪绍兰(右四)与同学们共话人生经历

我更要努力学习，走上工作岗位后，也要像汪老师那样为人处世，回报社会，让爱的暖流继续传递下去，让我们的社会变成更加美好的人间。”本科毕业后小张又有出国留学的愿望，但经济有困难，汪老师全力支持，助他顺利出国。出国留学期间，小张遵照汪奶奶嘱咐，努力学习，成绩优秀，并向党组织按时缴纳党费，汇报在国外学习的思想情况，现在他正准备报考博士。看到小张的进步成长，汪绍兰心里十分高兴。她说：“这个大鹏鸟，定能展翅飞翔。”

另有一个知青子女小峰，汪绍兰是从一篇《我好想有个家》的作文上发现他的。于是汪绍兰走访他的家庭，只见小峰的家，家徒四壁，除了一张床，室内空无一物，床上躺着他从新疆病退回沪、半身不遂的父亲。汪老师看到这一切，心情十分沉重。她一方面给予小峰经济上的帮助，另一方面把精力放在对小峰的关心上。她告诉小峰要树立生活信心，磨砺意志，要自强自立，积极上进。同时她还不顾自己年迈、腿脚不方便，相继走访了有关部门，咨询解决住房困难的途径。在居委会的帮助下，小峰原来的住房得到了整修和加固，改善了居住条件。在汪老师的关爱下，小峰多次被学校、长宁区、上海市评为“三好学生”、“优秀少先队员”。小峰从现代职校毕业后，有了一份稳定的工作，经常向汪老师汇报自己的情况，现已立业成家。对此汪绍兰十分欣慰。

四川汶川地震后，82 岁的汪绍兰又关心着因灾害而发生经济困难的学生，她与玉垒中学高中毕业生小刘结对帮助。小刘已考入成都大学就读，她承诺在大学期间每年在经济上给予资助，同时以通信方式在思想上给予指导和帮助。

汪绍兰在关心下一代事业中的无私奉献，犹如兰花散发的阵阵清香，它使优者更纯、苦者温馨、贫者振奋、迷者清醒。

1996 年，汪绍兰加入长宁区社会帮教工作。近二十年来，她同 16 名少年犯签约结对进行帮教。她走访学校、社区、家庭了解情况，动员大家共同关爱失足少年。她认真写信，向结对帮教少年指引人生的正确方向；她东奔西走，为孩子们回归社会的生活、工作操心。在她的关爱帮教下，9 名少年犯在认真改造后获得减刑，予以提前释放，踏上了新生之路。

比较起来，对少年犯的帮教工作难度比较大，少年犯们失足的原因有各种各样，汪绍兰总是以平等和蔼的态度接近他们。她到所属居委会了解家庭情况，与父母见面，了解家长情况，到曾上学的母校找老师了解他们在求学时的表现。她定期到“未成年人管教所”探视失足少年，通过书信往来，为他们指引人生方向。

少年犯小余对母亲很有感情，他看到母亲探监时脸色不好而担心母亲有病，心中不安。汪绍兰知道后就打听他外婆地址，上门询问老人家，得知小余母亲刚动过甲状腺手术，身体正在恢复中，妈妈为了不让孩子担心，所以没有说。为了省钱，从芦潮港到松江，是走一段路，乘一段车，到少管所，当然显得比较疲劳。她把这个信息告诉小余让他安心，同时鼓励小余要好好接受改造，争取早日回归社会与母亲团聚。小余听了十分感动地说："江老师，你太好了！太了解我了！我一定努力改造，早日见到妈妈，早日回归社会！"汪绍兰利用他20岁生日的机会，特地买了蛋糕和一小礼品到少管所为他过生日，对他讲，人生有几个20年？在第一个20岁时，走错了路，相信经过改造踏进第二个20岁时，能把正方向，尽自己力量为社会做贡献。小余在"未管所"积极改造，多次缩减改造期，提早回归社会，找到了一份适合自己能力的工作。

另一个少年犯小王缺少家庭关爱，父母把家当客栈，不到深夜不回家，对小王在用钱上没有限制，小王说："过去手里用钱很阔气，人家看我好像很开心，其实我很孤独。"汪绍兰找不着他父母，就去找到他中学班主任，班主任也被汪老师的爱心所感动，关心起小王来。小王说："过去我在学校是一个最不听话的学生，老师讲话我就是背朝她表示不爱听。现在，我犯了罪，想到老师不嫌弃我，还关心我，我一定好好改造，将来做个对社会有用的人。"

失足少年小金，有一定的文化水平，"未管所"一开始安排他在《回春艺术团》做编写工作，小金很得意。后来少管所为了让他更好地改造，安排他到伙房劳动。小金一下子变得"很伤心"，觉得"抬不起头来"，汪绍兰得知这一情况后，立即通过书信往来帮教小金。通过一段时间的耐心开导、教育，小金终于明白了"劳动不分高低，同样为人民服务"的道理。小金说："做面点累是累了点，但当看到做出的一只只漂亮的馒头，大家吃得很开心时，心里别提有多高兴了，也就不觉得累了。"看到小金终于越过了换岗位这道坎，汪绍兰很欣慰。为了鼓励小金走稳人生的路，汪绍兰特意为他在"未管所"举办"18岁生日活动"。送给他一本日记本，要他记好人生之路，小金十分感动，表示一定要走好"人生还有的两个20年"。当得知小金出狱后在寻找工作中受挫时，又鼓励他用行动来证明自己的表现，并帮他积极向有关方面推荐、反映。后来小金终于找到了满意的工作，之后每当节假日，小金总要给汪老师写信，汇报自己成长的历程。

小余、小李、小王等人得知自己缩减改造期时给汪绍兰写了一封信："汪老师你好好保养身体，因为你的身体不属于你个人，而属于社会。还有很多迷途的羔羊，要你去

2001年汪绍兰老师与当时就读预备班的小张结对助学，如今小张已在日本就读博士后

帮助。”一些过去不分是非，不辨善恶，不择手段损人利己，不爱劳动，贪图享受的失足青年，在汪绍兰的帮教下也激发出了内心的闪光点。少年转变了，家庭和睦了，也促进了社会的稳定和谐。

为了帮助一名回归社会后已年满十八周岁的青年落实工作，汪绍兰冒着高温乘公交，又忍着足跟的骨刺疼痛，步行了很多路，找到了设在浦东的文峰美容美发培训学校，经过联系，校方愿意接收他参加培训，汪绍兰十分高兴，忘却了所有疼痛。她以自己的爱，温暖了失足少年的心灵，孩子们都感动地说：“汪老师不是亲人胜似亲人。”

现在早已回归社会的小川，与汪绍兰建立了深厚感情，一直铭记着汪绍兰对他的教诲，每年敬老节、教师节等节日都会打电话来汇报自己回归社会后的一些变化、工作情况、思想情况。汪绍兰也继续指导和帮助他。如今是空调维修工的他，在2013年连续40度的高温天，不仅随叫随到帮助他人安装、修理空调，特别是当他碰到一名生活困难的老人求助修理空调时，特意少收他的维修费，回去后自己把差额补上。小川是以乐于助人的实际行动来感恩社会。

人们问起汪绍兰为什么离休后还不遗余力地关心下一代，她说：“人的一生是短暂的，我把参加关心下一代工作，视作继续为党的事业而奋斗，我要争分夺秒地多为社会做贡献。”她多次被上海市教育系统和长宁区关工委授予“关心下一代先进个人”、2008年荣获“长宁区关心下一代工作突出贡献奖”。2010年被评为“全国教育系统关心下一代先进工作者”。

可敬的革命前辈，可贵的人生境界！如今汪绍兰已近90高龄，帮教工作仍在继续，因为她履行着“愿将余生献后生”的神圣诺言！

（2015年6月8日）

常梦中西和市三

1949届　汪锡苓

汪锡苓

很多人会在梦中回到学生时代，在校园内淘气惹事，嬉笑玩耍；或被老师捉住受罚，不然就是下课铃响，考卷上尚有大半试题来不及答，急到流汗，等等。别人或许在五彩缤纷的梦境之余，偶尔做一次有关学校的梦，我却经常不断地梦见自己又在校园内，最近一梦还驾着鲜红色敞篷车飞驰在两边浓密树丛的大道上。事实上，我从未驾过鲜红车子，更无飞驰记录，但我确实有十七年半的岁月在闻名沪上的中西女校渡过。

十七年半从旧名忆定盘路中西第一附小开始，一直到高三毕业是为前一半。经过圣约翰大学，结婚及师资训练结业以后，一连串的事故竟又将我带回到这庄丽大道，绿草如茵的环境。是在市三女中，圆了母校与我后一半的密切关系。

小时候，挤在大哥姊两位补习教师身旁，不知所以然地学着国文及英、算，后来就进了小中西三年级。那时由于我最矮小，又是全班唯一不介意同男生牵手的女生，表演印第安舞蹈由我领队出场。彩纸做的头饰和裙子煞费老师很多功夫。男女孩子们动作合拍，一切进行顺利，偏偏我的纸裙脱胶落地，引起满堂大笑！老师在幕后竭力做手势，示意继续表演，我却忙着傻笑，觉得好玩极了。如是我非但学到在意外情况下，照常处之泰然，从此再没有台上掉裙的事故。

进入初中一，见识到中西中学图书馆，如获至宝。课内我最感兴趣的是英文及国文

1992年校庆汪锡苓(左二)回母校

1949届汪锡苓(右)

的作文课，主题自选，可以充分发挥创造性的想象力。出色的作业常由教师片段朗读，又不乏嘉奖。

1957年秋季开学，我又踏进现名市三女中，我久违的母校。坐在数学教研组的办公室，心想现在我是教师、班主任，必须尽全力教好并关爱班上56个女孩。从初一到初三，朝夕相处，看着她们成长成熟，我们就像一家人一样。一天，她们满面忧虑来找我，事因生物实验课要解剖青蛙，说什么也不忍下手儿时的玩伴。向来，我考虑事物总站在学生一方，此时此刻学生又站在青蛙一方。容我邀请读者运用各位创造性的想象力，助我写完这一段，感谢了！

我永远感谢我的母校。中西女校将女孩们教育，教养成优秀的女青年，扶植到她们充满自信地面对社会及世界，个子高矮，不再重要。

母校的教导助我成长

1949届　朱楣光

我有幸是中西女中1949年的高中毕业生。感谢母校的培养，使我现在成为一名合格的医师。

在中学时我喜欢化学，希望成为一名药学方面的工作者，但不知考什么学校，因可直升圣约翰大学而阴差阳错地进入圣约翰大学医预系。又因院系调整而进入上海第一医学院；于1955年医本科妇产专业毕业，统一分配至天津医学院总医院妇产科工作。

我接受过全国著名教授王淑贞、郑怀美、司徒亮、王良娟的带教，毕业后，又在全国著名的妇产科内分泌教授俞霭峯、焦书竹、翟瞻粲教授指导下完成住院医师的培训。改革开放后，时值卫生部妇幼司林佳楣司长要为妇产科培训人才，引进了联合国开发署的项目。由于中西女中的外语教育，我顺利通过外语关，到哈佛大学Brigham医院进修一年。在世界著名的Ryan教授指导下，学习内分泌及实验室垂体急速及性激素测定技术。在改革开放大潮下，第一家激素放免酶免试剂盒的工厂在天津开发区落户，支持了内分泌工作。

中学培养的实事求是的科学精神伴随着我的一生，使我的诊治屡屡见效。中学的英语教学及中学图书馆的英文经典小说，使我的英文水平在30年后仍很容易地拿起来，可以顺利地翻阅国外杂志文献，日新月异的世界医学知识不断地提高着我的诊治水平。

刚参加工作不久，正值“大跃进”，我被医院下放到天津西郊区李七庄卫生院一年。在这一年中我与内科、外科两名同时下放的医师一起组织下乡知青为期一年的学医理论与实习。来自西郊各点共18名学员经一年学习后，后来在郊区各点均成为医学骨干力量。那年大跃进，成立人民公社，各村均成立大食堂及托儿所幼儿园。1958年麻疹大流行，各幼儿园托儿所全部幼童均得麻疹。我们乡下没有儿科大夫，我与内科大夫两

朱榍光

人，争取了一辆车，每日巡视幼儿园托儿所，教以护理常识，并把所有麻疹合并症幼儿全部带到卫生所，在卫生所开设临时病房，以学习班知青学员为护理人员，从市里总医院争取药品，安然度过了麻疹大流行阶段。仅一例转诊至总医院儿科，无死亡病例。是年三八妇女节我被评为全市卫生系统先进工作者。

1959年科主任又派我参加北京协和医院杨大望教授来津组织的阴道细胞学学习班，做全市妇女的妇科肿瘤普查工作。为了打消群众思想顾虑，我们普查组自编、自导、自演，进行快板、活报剧等的街头演出，进行宣传，使我组普查率达到90%以上。我们的工作为1979年天津医学院所著的《阴道细胞学》一书提供了素材，我们的成果论文入选了全国第一届肿瘤研究大会，并在1959年底天津医学杂志上发表。我的《阴道显微镜早期诊断宫颈癌》一文也发表于1959年天津医学杂志。一年余的日夜紧张工作，我学到了科研方法，及科研为群众，科研与群众相结合的思路并参加了实践。

1969年卫生部通知我院三分之一医护人员下乡安家落户。我去了宁夏盐池县惠安堡卫生院工作，安家落户在这缺医少药、缺水荒凉的高氟地区。在卫生院我们开设病房，抢救了不少生命；组织培训赤脚医生；开展合作医疗，就地取材制作中药，用中药开展中西医结合治疗妇科病，并为一麻痹症婴儿早期诊治，免于残疾。

1972年我回天津，在天津市中心妇产科医院产科及肿瘤科工作，筹备建立包括遗传、免疫、生化及同位素的实验室。1980年医院重建后，我除了做妇科内分泌门诊外还担任实验室主任服务全院。

在改革开放的20多年间，我参加编写图书8本，发表论文30多篇，任5本妇产科杂志编委，任《国外医学计生》分册杂志主编8年；为全国医学信息技术所翻译5本英文期刊的每期所有目录计20多年，得到市级科技进步奖两次，被评为卫生系统科技先进个人，授予政府津贴专家。曾任数个天津市医学会理事，任中华医学会妇产科分会内分泌组副组长两届，在创建我院试管婴儿实验室，进行二代试管婴儿成功后，于1999年年底退休。退休后被返聘，继续在内分泌科门诊做诊治工作。

在中学期间，我喜欢数理化，不重视文科学习。现在眼看许多同龄姐妹们体弱多病，缺乏预防保健和饮食调养知识，有不少年轻姐妹们更不懂膳食平衡，有些人嫁入殷实夫家后，贪吃懒动，一年内体重猛增（最高一年增加60斤），致患高血脂、高胰岛素、严重超重、代谢综合征而闭经，还合并多囊卵巢综合征。因此必须呼吁人人注意饮食平衡，学习保健常识。我开始写科普文章，遗憾的是自觉文字水平差，写作太慢，科普文章往往跟不上形势发展，常常词不达意，缺少感召力。所以必须告诫年轻的校友们，中学是学习一切知识的最好的基础，学习期间不能偏科，有了全面的知识，将来才能更好地为人民服务。历史后浪推前浪，你们会生活得更健康、更幸福、更长寿。

(2011年11月于天津)

快乐，自信，团结——记中西女中50届班级集体

1950届　丁一明

1. 我们是欢乐的一群

我们50届有两个班，是个团结的集体。50届里人才济济，有专长唱歌的，如凌瑾同学是当时学校女高音三人组的成员之一；有多个出色的运动员，曾获得过1950年上海市中学女子排球赛冠军的中西校队13人中有8个来自我班，她们是黎冠瑾、曹云云、蒋见复、胡霭棠、陈国范、周人康、郑璧如、叶湘芸。体育方面，我班的垒球队也是强项，还有叠罗汉表演在刘祖信老师的指导下屡次在校运动会上获得好评。学习方面，我班有些天资聪颖又勤奋刻苦的同学，如赵国明、盛咏温、郑璧如等。我们有级刊，中文的叫《狂飙》，英文的在Ms.Craig建议下叫*Chatter Box*。同学们不论学习成绩的高低，兴趣爱好的差异，在三年里甚至六年里都过着轻松的生活，享受了同窗的情谊。

1950届丁一明

记得1948年圣诞节大联欢，调皮的住校同学出了个"坏"点子，在寝室门上挂了一幅海报*Joyful to the World*（普天同庆），画着一所房子，里有若干个房间，每间都住有代表老师绰号的动物，如老虎、猫头鹰等，甚至有一个房间放了一个饭桶（亲爱的语文老师袁炜彤的绰号，袁老师听说解放后当了曹杨二中校长，不幸在"文革"中被迫害致死，我们永远怀念她）。我们对老师毫无恶意，也不是讽刺取笑，是一种另类的爱慕和崇敬，而老师对我们也不加干预，一笑了之，学校的轻松自由气氛可见一斑。

1950届同学在宿舍前草地上

毕业前夕，大家依依不舍，在教学楼、大草坪、健身房、龙墙、情人岛和水塔旁三三两两拍照留念。

2. 隆重的毕业典礼

1950 年夏天我们毕业了，典礼十分隆重。依稀记得请来了时任上海师范学校校长，著名教育家刘佛年先生致词 (1949 年 9 月至 1951 年 8 月刘佛年任上海师范学校校长、复旦大学教授)。由于大家的兴奋和激动， 刘校长讲了什么， 至今已全无印象。

典礼后的重头戏是拍毕业照，我们穿着湖绿色的服装 (虽然级色是蓝色， 但有审美眼光的同学建议用介乎蓝绿之间的湖绿色，打擦边球，果然更靓丽)，胸前佩戴着鲜花，手上戴有刻着级训 perseverence(坚毅) 的级戒。

如今望着 1950 年 7 月的毕业照，当年英姿勃勃不到二十岁的年青少女，现在都成了耄耋老人，有的已经与世长辞。深感岁月无情，怀念像丝一样绵绵不断。

3. 三十年后再相逢，同学会到校友会的诞生

我们毕业在新中国才诞生的 1950 年，全国上下为建设强盛的祖国奋发图强的时刻，同学们跨出校门，像一颗颗种子播撒在祖国的大地上。有的进入高等学校深造，有的直

1950届同学在荷花池边草地上

接参加工作，有的远渡重洋，去到异国他乡。不论去往哪里，同学们都丰富了学识，具有了专长，增长了阅历，为社会做出了一定的贡献。当然，我们也都没逃过十年浩劫的影响。1978 年党的十一届三中全会开启了改革开放的新局面。随着大环境的改善，“人人自危”现象的终结，随着年龄的增长，50 届同学思念母校，思念老师和同学之情越来越强。母校还那么美丽吗？老师和同学都安好吗？成了我们心头挥之不去的情结。

瞿明明、胡文梅和丁一明同学在 1979 年小聚时提出，1980 年是我班毕业 30 周年，希望在母校聚会，要求瞿领头办这件事，同时我们还分头联络了上海的同学，得到了热烈响应。瞿明明为此拜访了时任市三中学的薛正校长和党支部书记陈炳福老师，在他们首肯下定了时间和地点，聚会那天，早晨雷声大作，大雨滂沱，而老校长一清早却趟着大水冒雨来校照应。大雨阻挡不了同学们对母校的眷恋，除 50 届十多名同学外，其他各届同学和部分老师也纷纷赶来，总共七十多人，将 101 室挤得满满当当。会议开得很热烈，大家一致要求成立校友会和恢复女中 (当时市三中学男女同校)。薛校长表示成立校友会是具有“超前意识”的倡议，虽然目前条件还不成熟，但可以每年搞一次返校活动。1984 年筹建同学会时，薛校长想到了瞿明明，她说首先在 1980 年提出返校活动的是 50 届校友，

1950届同学在教师之家前草地上

1950届同学在小桥上

她们有超前意识，所以要瞿成为筹委会委员。瞿明明以后一直担任校友会理事，是校友会活动的积极分子。

4. 岁月流逝，友谊永存

50届校友分布在京沪两地的居多，在北京学习、工作的校友每年都会聚首多次（“文革”期间例外），聚会时不免想起北京以外的同学，时任清华大学校办主任的王积康同学萌生了编一份校友通讯录的念头，她找出了初中和高中的毕业照，辨认了每个同学的姓名，然后寻找她们的地址、电话和电子邮箱，工作复杂而又细致。如胡霭棠是胡雪固从南京公安局的户口卡上找到的，上海的瞿明明同学自从1980年第一次同学会后，15年里联络到58个同学，收到王积康信后立即寄去了上海同学的名单、地址，还提供了一些其他同学的有关线索。积康终于编出了50届校友通讯录，为同学们的交流沟通做出了巨大贡献。北王南瞿是我们50届校友的领头人。

经历半个世纪，50届同学在千禧之年迎来了毕业50周年的纪念。虽然我们不复年轻，大多年逾花甲，有的甚至进入了古稀之年，但是在*Live, Love, Grow*的感召下，17个同学兴致勃勃地返回母校，其中6人专程从海外赶来参加返校日活动。

早在1999年，马德彰和胡文梅回上海和上海同学相聚时就商讨了如何纪念毕业50周年，一致认为活动地点在母校最好，她是我们的源头。除参加返校日外，我们打算组织上海一日游和浙江南北湖两日游，让大家边欣赏景致，边聊天交流。动议受到响应，海外同学还自行组织了去云南丽江。返校日后我们有过两次聚餐，其中一次是海外同学宴请大家的，席上欢声笑语，好不热闹。

1950届同学毕业了

50周年我们要给学校送什么礼呢？最终决定编一本影集，将过去学生时代的照片和近年来同学个人或集体的照片收集进去。瞿明明同学倡议用电话或信函向各地同学提出了要求，很快就拿到了大量珍贵的照片。我们从中精选了50张有代表性的，分成三个部分：美丽校园；老照片(学生时代某些活动及毕业前留影)；岁月沧桑，友谊长青。第三部分有美国东部校友在McTyeire百年校庆活动时于纽约与原音乐老师Ms.Harris的合影，有Ms.Harris指挥大家唱McTyeire校歌情景的照片；有北京同学访问薛正校长和数学老师王承诗先生的合影；有王先生抚摸着同学送她的绒毛老虎的照片(她因教学的严格严谨得到了王老虎的绰号，同学们对她又爱又怕)；有上海同学与张小如、陈家芝、张铠等老师的合影。几十年了，同学们好想念你们啊！

影集从收集照片，整理，编排，翻印，注写说明，到插入相册，耗时无数，上海全部同学热情投入。徐薇薇同学的家是我们的工场，她的先生黄曰侯工程师是一位有摄影专长的热心人，帮了我们大忙(徐薇薇同学不幸因病于2013年去世)。经过近一年努力，终于在2000年11月前完成，我们在返校活动时将凝聚了50届中西女儿们浓浓心意的相册献给了母校。

中西女中是我难忘的家

1950届　瞿明明

我在1937年“八一三”战事发生后从杭州来到上海，在中西二附小一直读到中西高中毕业。在高中毕业前一个月，母亲患急病去世，我就此没有进大学读书。可以说中西女中是我一生中成长、成熟的摇篮，她培育我，造就我，中西是我受教育时间最长、影响最深、也是最难忘的“母亲”和“家”。

那时，整个学校只有400名学生，能把女儿送进学校读书的家庭是比较富裕和开明的。我母亲从小跟外婆在国外生活、长大，直到外婆去世，才由她舅舅带回国内，以后又去美国，留学回来后在中西教过美术。我出生在一个资产阶级的家庭中，幼年时生活条件优裕。我是家庭中最大的，生下来只有18个月就得了哮喘病，虽然得到了很好的医护，但终究还是越来越重，无法根治。因为经常发病而不能正常上学，很多活动不能参加，因此我对病和生活很悲观。

中学时代的瞿明明

1945年抗战胜利后，张小如老师在学校里办起了义务小学，我当上了“小先生”，在对贫困学生的家访中认识了国民党政府的腐败。1947年，在初三时，基督教男女青年会学生部在国际礼拜堂办了学生礼拜堂，我在那里参加了迎春会、听讲座报告、参观、游行、营火晚会等等活动，接受了进步思想，大开了我的眼界。我们留下来组织了一个团契，我曾担任过团契的正、副主席。我们有自己的干事会、油印的小报，还组织旅游活动，它唤起了青年向往自由、追求进步的热情。1946年圣诞夜，北京发生了美军强奸北大女生的事件，全国掀起了抗议美军暴行示威，我

瞿明明为学生作报告

校学生自治会会长在交大学生会联络推动下，在全校学生和教职工中召开了控诉声讨大会。1948 年底，在进步同学影响下，我离开团契回到了学校，帮助学生自治会会长开展工作和活动。1949 年 4 月 1 日，南京学生在欢送和谈代表去京时，遭到了国民党反动军警的武装残酷镇压，造成流血惨案。学生自治会在交大学生会推动下又发动了全校的声援大会和募捐。两次声援大会的活动使生活在封闭象牙塔中的我醒悟，这也是我终生不能忘怀的。1949 年“四一”惨案后，我和学生自治会会长罗明风一起发动了声援活动。这是我第一次在母校经受的考验，当时已有一种找党的强烈愿望和迫切要求。

1949 年 4 月，在外校党员的介绍下我参加了共产党。与上级党接上关系后，又有罗明风、汪绍兰两人参加了党，1949 年 4 月底成立了党小组。当时已临近上海解放，我们着手组织了党的秘密外围组织，把已经团结在学生会、义务小学周围的积极分子秘密地个别吸收到组织中来，取名为“中西女中新民主主义青年社”。第一批社员 7 人，到 1949 年上海解放时已有 20 人左右了。

为了迎接解放，党小组通过新青社员的努力，在同学中组织了秘密的敌情调查、救护、宣传、物品保管等小组。5 月 27 日上海解放时，这些同学成了人民宣传队员，戴上了臂章，向市民、工人宣传：“上海解放了，国民党垮台了”、“政权回到了人民的手中”、“欢迎中国人民解放军进城”。短短的几天，中西女中沸腾了，这些关在象牙塔中的小姐像小鸟冲出牢笼，展翅高飞。我们投身于这火热的生活，南下北上报名参干，参加全市人民欢迎中国人民解放军缴获国民党武器的八一大游行和庆祝上海接管的大游行。9 月开学时有了政治课，在教会学校中已有四五十年历史的宗教课被取消了。

上海解放后，秘密进步组织已不能适应形势，原“新青社”改名为“火炬社”，成为公开的学生社团。经过一个月的筹备，1949 年 12 月 9 日，上海市教会学校第一个团组织——中西女中新民主主义青年团总支成立了，当时有 97 名团员，我担任了团总支书记。

不久，抗美援朝开始了。在党的领导下，政治老师和团总支从各方面进行思想教育，引导学生树立正确的人生观，走革命道路。许多学生思想有了转变，向往进步、争取入团成为当时学生的主流。通过学生思想转变的思想小结汇报等教育活动，全校又引起一次“原子裂变”：同学们纷纷要求入团、报名参军参干，十多名同学放弃报考大学，投身于新中国的解放和建设事业中……

晚年瞿明明

我把这些难能可贵的变化写成了一文《中华儿女多奇志——中西女中在迎接解放的日子里》，被团市委编入了青运史资料专辑。1989 年，母校建团四十周年之际，我们这些老团员和在校各班的团员开展了忘年交活动，回顾四十年来祖国和学校的变化。反映中西女中变化的《一个教会女校的巨变》纪念文章被选入《上海解放四十周年纪念文集》，这些是我和母校休戚相关的见证。

我的人生受到母亲无声榜样和中西女中教育的影响，在母校读书和参加爱国运动给予我革命的启蒙教育和一生的影响。我在机关工作近三十年，1978 年后到上海社科院和社联从事宗教研究，这是一项开创性的工作。在离休前的六年中，我完成了国家“六五”期间的重点项目“中国社会主义时期的宗教问题”，参与计划了两项国家“七五”期间的重点项目“上海宗教史”“人·社会·宗教”，还写了“中西女中爱国学生运动回顾”、的资料。

离休后我重拾年轻时未实现的梦，买了钢琴，拜师学艺；前不久又买了电脑，进了电脑学习班，提高充实自己的生活质量、陶冶情操。我长期和哮喘病做斗争，学习打太极拳，锻炼身体。我还有很多事没有做呢，还要好好地活呢。

(2002 年)

充满活力，卓有成效

中西女中1950届　叶湘筠

我于1944年进入中西女中，在校6年，一直是学校的体育活动积极分子。不少人曾问过我："你在北大学的是新闻专业，为什么一辈子搞了体育？"提问的朋友有的好奇，有的惋惜，有的赞同，甚至有的不以为然。是呀，半个世纪以来，我和体育结下了不解之缘，固然我生性好动，但更主要的是和我亲爱的母校中西女中的培育有着密切的关系。

1950年7月16日应红白队邀请，赴无锡比赛篮球。(前排左一曹云云、左三张罗罗，后排左三叶湘筠)

1950年7月在无锡比赛
(中线跳起者叶湘筠)

上海市全明星垒球联队在原法国总会早场赛后留影。(前排左二叶湘筠，左4黎冠瑾，左七邓敬融，后排左一萧嘉珣，左二黎冠瑜，左八黎冠理，1951.8.19)

北京市女子篮球队远征太原(前排左一叶湘筠，后排左四曹云云，1952.8)

中西女中在办学宗旨上，不仅“教人处世立身方”，而且“更愿身心健与康”。除了狠抓教学上的高质量，还非常重视学生的文体活动。每学期都要开展班级之间的篮球、排球、体操等多种比赛，学生的体育活动热火朝天。每天课余，健身房内，校园里总有人锻炼，处处充满了一派青春活力。当时的健身房，无论是面积、光线，地板质量和场地设施在全上海中小学里都堪称一流，特别是那围绕赛场的二楼看台，造型简朴实用，站在哪里都可清楚地俯览球场的每一个角落。每逢班级比赛，楼上总是站满了助威呐喊的拉拉队，其热烈气氛几乎不亚于国际比赛。正因为这样，解放前后，中西女中涌现了不少球类

叶湘筠(后排中)在华北体工队(1954)

1950届叶湘筠

的运动尖子。如当时被选入上海市全明星垒球联队（女子）的就有黎冠瑾姐妹三人，肖嘉珣、邓敬融、叶湘筠等人。又如，1950 年，张罗罗、曹云云、叶湘筠等应上海“红白”篮球队所邀，赴无锡参加比赛，为大胜立下了汗马功劳，对开展当地的篮球运动做出了贡献。特别是解放初期，首次踏出校门的我校球队，在刘祖信老师的带领下，这支默默无闻、不为人知的队伍，不赛则已，一赛惊人，力挫各强队，勇夺了桂冠，三个队中王积康、朱树芬，周人康、郑壁如等 8 人和我同班，当时在上海市体育界一度传为佳话。

也正是这样，体育成了我的挚爱。我考入大学后，和曹云云一起被选入北大女篮校队，后又选入北京联队、华北队、继而调入华北体工队、国家二队。1955 年又被调到国家体委国际司、中国体育报社国际组。以后随军来到重庆，仍在市体委工作。

五十多年来，中国体育事业蓬勃发展，欣欣向荣。回顾自己，这名体育战线上的小兵，所走过的道路虽没有惊天动地的创举，但也为这个事业默默耕耘了一辈子，并因此获得国家体委授予的“新中国体育开拓者”奖章和奖状，以及“体育工作贡献章”和奖状。面对这些荣誉，我深深感到大半应归功于中西女中对我多年的培养。

我为此生从事祖国的体育事业无怨无悔！

她的智慧和心血凝聚在核弹研究上——记1950届 周芬芬

方乃相[①]

周芬芬女士是我的爱妻，也是与我共同战斗一生的战友。她因患癌症，不幸于1994年3月20日与世长辞。我怀着万分悲痛的心情，向她的老同学介绍她的生平，聊表怀念。

周芬芬生于上海，1950年中西女中高中毕业。同年入浙江大学化工系，1953年大学本科毕业。当时，她主动要求分配到祖国最需要的地方去工作。因此，被分配在辽宁省五机部国营三七五厂工作。解放初期东北山区的生活是很艰苦的，天寒地冻，睡的是五六个人同睡的木板统铺，吃的是玉米粗粮。对一个生长在上海的姑娘来说，无疑是一个严峻的考验。但这些困难都被她克服了。她把全部精力用在工作上。她工作不久就身负重任，担任工段工艺师、车间技术组组长。为支援志愿军前线急需，她夜以继日地研制和组织生产新产品。50年代末，该厂组建火箭炸药研究所，她任该所研究室主任，主持研制火箭推进剂。她研制出的配方和铸造工艺项目在1963年获部级科研成果奖，后又获1978年全国科技大会奖。1963年她被评为三七五厂先进工作者，同年晋升为工程师。

1964年，我们接到调令到核工业部第九研究院青海基地工作，她坚决服从分配，领着两个幼小的孩子（小的只有3岁），一家四口奔赴青海基地报到，担负起某部件的环境适应性能及安全性能研究工作。当时基地生活条件十分困难，住的是地窝棚，天气寒冷，需自己烧火炕取暖，地处海拔3300米高原，空气稀薄，水的沸点只有88°C，煮饭是半生不熟的。刚到草原，小孩发生高原反应，她要照顾孩子，又要坚持工作，投身于原子弹研制大会战洪流中。“头顶蓝天，脚踏草原，一定要把争气弹（指第一颗原子弹）研制成功”，这是九院人的豪言壮语。当然在这荒无人烟的大草原，有苦也有乐。1964年10月16日15时，在大西北戈壁滩上，一声震天雷响，蘑菇云直冲云霄，周恩来总理庄严宣

① 节选自方乃相《心里话》，方乃相是周芬芬的丈夫。

布："我国第一颗原子弹爆炸成功了。"祖国的国威大振，人民扬眉吐气，外国人看不起中国人的时代一去不复返了。接着，第二个目标研制命令下达了，要求某部件的结构更复杂，性能质量更高。她顶着"文化大革命"的大字报和武斗的压力，坚持科研岗位，按期完成了性能研究任务。1967 年我国首次氢弹爆炸试验又成功了。一颗颗核弹试验成功，都凝聚着她的智慧和心血。1984 年她荣获核工业部颁发的第一颗原子弹爆炸成功 20 年周年纪念章和荣誉证。

1950届周芬芬

20 世纪 60 年代后期，九院决定迁到四川山区，在那灾难深重的"文革"年头，她还冒着到处武斗的危险，到四川山区出差，为新点基建搞工艺设计。70 年代初，我们迁到了四川新点，她转入了新的性能研究任务，这个项目获国防科技工业重大科技成果三等奖，四等奖各一项。70 年代末，由于她的英语基础扎实而调任科技情报研究室任副主任，从事国外科技情报研究工作。1985 年到联邦德国参加 ICT 国际年会及学术交流会并考察联邦德国有关研究所及工厂。在这个岗位上的十年中，翻译了大量专业科技资料，撰写了大量专题综述报告，其中一项获部级科技进步三等奖，内部出版了 100 万字的翻译书籍。她和另一同志合作主编的《高能炸药及相关物性能》一书于 1989 年由科学出版社公开出版。

周芬芬是一个造诣颇深的高能炸药专家。1982 年晋升为高级工程师。长期默默无闻地从事国防尖端事业。辗转祖国东北山区、西北青海的草原和四川山区，特别在 25 年核武器研制工作中，为我国国防现代化做出了贡献。1988 年荣获国防科工委颁发的"从事国防科技工业三十年"荣誉证书和奖章。她不怕困难、刻苦钻研的工作作风、艰苦朴素、平易待人的生活作风，深深得到同事们的赞许。1985 年初被评为中国工程物理研究院"三八红旗手"。她能取得这么好的成就是和中西母校的教育分不开的。她虽然过早地离开了我们，但是她的业绩和精神是永存的。

我的“中、西”融合人生

1950届　朱丽中

我父亲是杭州人，年轻时留学法国，我的母亲是日本两个幕府将军家族后裔的东京人，她背叛封建家庭离开日本来到上海工作，后来嫁给我父亲。我从觉民小学毕业后，也许父母自身已受到西方文化的影响，希望子女从小受到中西文化教育的缘故，还由于父亲表妹的两个女儿，蒋琳琳(42届)和蒋珊珊(46届)已先后在中西女中读书，知道它是一所优质的中学。所以尽管我家住在虹口工厂区，父母还是把我送到沪西的中西女中就读。同年级从觉民小学升入中西的有曹云云、唐玉华、王曼莉、罗荃龄、郑依柳等几人。我在校学习是1944年秋到1948年底，是抗战还未胜利，到上海解放前夕时期。这正是中国历史上大动荡的历史时代。让我们小小年纪就经受了战乱的苦难。

中西是一所教会学校，有美国教会派来的老师教英文，记得初一时学*Heidi*，描写女孩海蒂与她脾气古怪的祖父生活在瑞士山区，初二学在法国拿破仑宫廷的侍童，初三以后就进一步学习莎士比亚大师的经典大作，如《威尼斯商人》《王子复仇记》等，高中课本都是英文版。毕业班同学演出的戏剧也常取材于英美文学，如英国女作家夏洛蒂·勃朗特写的出身寒微的年轻女子奋斗的经历《简·爱》、简·奥斯汀的代表作《傲慢与偏见》、伊丽莎白一世的宫廷斗争、圣诞节时演出耶稣诞生时，有翅膀的天使，牧羊人和从东方远道来的三位智者的故事演出等。中西的教育不仅让我们打下了扎实的英语基础，西方文艺复兴时期崇尚民主、自由、人权的思想，女性也要自立、自强的思想，深深影响了我们的人生观。但是中西也同样注重对中国优秀传统文化的教育，记得我们背过古文观止中如陶渊明的《桃花源记》、欧阳修的《醉翁亭记》等古典名篇，也背诵过唐诗宋词，每周背诵孟子曰，每天练习书写大楷、小楷毛笔字等。46届毕业班，演出郭沫若所著、元朝末年云南外藩的爱情悲剧《孔雀胆》更是轰动全校、全市。我的语文和中国历史都

1950届初三毕业照

是在中西女中打下的基础。从学习历史中，树立了“国家兴亡匹夫有责”的观念，以及勤俭、朴素、正直的行为准则，这影响了我的一生。

中西女中的校训 *Live, Love, Grow* 积中发外，智圆行方，是根据《礼记·乐记》：“是故情深而文明，气盛而化神，和顺积中而英华发外，唯乐不可以为伪，教人处世立身方。”如今我已 80 多岁了，回忆我的人生，我要感谢中西女中母校融中西文化于一统的教育方针和传统。中西母校的中、西教育，让我融入了中、西学识，中、西思想，让我走上了中、西融合的人生。

我在中学时代得到的教育，亦和时代经历有关。比如，我们经历了上海沦陷，被日本侵略者控制，过桥必须出示打过霍乱、伤寒预防针的文件，必须向桥中央守桥的日本兵鞠躬。每个学校都派有所谓的日文教员，监视全校师生的动态等。到抗战胜利，有十多个同学从大后方来，参加到我们班，如陈撷英、陈国风、吴修蓉、董怡等。虽然她们的家长都是国民党派来接收沦陷区的大员，我们彼此之间却能“纯情相处”，并无“沦陷区”和“接收大员”的隔阂。我们也经历过北京发生美国海军陆战队军人强奸北京大学女学生沈崇事件，引起全国公愤，经历过各大城市学生举行反饥饿、反内战的一系列爱

1950届体操竞赛表演

国主义教育的民主活动。种种事件都对朦胧年岁的我，种下了不能再做人家的殖民地，长大要为强国兴国出力的种子。这也是促使我于1956年回归祖国的重要因素之一。现在虽然旅居国外多年，我总以中国人为自豪，并在老年退休后，致力于中美两国之间的交流。

我在北京中国科学院动物研究所搞科研，每当有国外专家来访，由于我有中、西文化的基础，常被抽调去当专业翻译。因此对动物所各室如分类学、昆虫学、生态学、生化学、生殖生理等各方面的科研成果都有了解，完成了中西双方的科技交流。我也参与了1958年首次在动物所举办的国际动物学会议，我班同学胡雪固作为国家科委领导，视察动物所为大会准备的工作情况。我又常被科学院外事局调去当专业和生活翻译，从东北长春到广州郊区、从江南至广西，全程陪伴外宾到过各地科研教学单位参观交流，我们去过人民公社食堂，我也为诺贝尔奖获得者在大会做报告时翻译。在上海出差时，还应上海分院有机化学所之要求，为被称为美国口服避孕药之父Carl Djerassi教授在上海科学大会堂演讲时做口译。当时外事局认为，无论是动物学、植物学、生化学、分子生物学或与医药卫生有关的，都是生物学范畴，认为我能胜任当专业翻译呢！我凭借中、西文化的底蕴，在关键时刻能代表了中国人的尊严而尽责。有一个细节很有意思，在“文化大革命”尚未结束时，我加州大学的同室好友寄给“中国科学院朱丽中”的信，竟然能够在数十万科技人员中，寄到我手中。我想：自己不过是个不知名的助理研究员，也许我已在科学院院部被立案了吧！

“文化大革命”结束后，国家政策有了巨大变化。我和丈夫先后被批准“礼送出国”。我们重返美国工作、生活。2003年我丈夫吴锡九参加了美国硅谷九零学社后，九零学社社长程杭生是旧金山联邦储备银行副行长和知名经济学家，他写了几篇与中国经济政策有关的英文文章，主席沈坚白要我翻成中文，供他带到中国去见中央领导之需，因为他认为我在中国工作多年，能了解中美双方的观点。虽然我是学生物学出身，对经济学完全是外行，而且隔行如隔山。但我想，能为中国经济建设出力我就知难而上，我利用会上网查找中英文资料的条件，翻译的文章，得到程杭生的认可。至于我为何选学生物学，这要归功于中西女中一位生物老师(可能是宋老师)，老师说了一句“不要以为你们文科班的同学不能学理科”，指名我可考虑学生物学。中西母校老师的指点，确定了我对专业的选择。我在高中选择了上文科班，是因为当年我极其害怕初三王承诗老师(被学生们尊称为“王老虎”)的数学课，还曾担心初三毕不了业呢！

2004年，九零学社与上海社科院举行了国企治理的国际会议，邀请10位了解法国、俄罗斯和波兰、新加坡中国香港和台湾地区的专家，用国际比较的视角，交流了国企改革和治理的经验教训。当时中国国企正面对艰难改革的形势。通过会议，中国有了借鉴其他国家和地区国企成功的经验，特别是新加坡等国的模式。有力促进了国企建设。我列席并作了笔记，事后程杭生借了我的中、英文笔记，写成报告，发表在九零学社的报告中。此次会议后，中国国资委派团赴新加坡取经，吸取新加坡淡马锡控股公司的经验，促成了对国资管理体制与国企治理结构等一系列改革，并把独立董事纳入我国法人治理结构体系之中。

1950届毕业50年聚会

朱丽中(2009)

退休后我协助吴锡九，自2008年开始成立了非政府、非盈利的美中绿色能源促进会，促进美中两国之间在绿色能源方面的交流和合作。美中绿色能源促进会发挥了熟悉美国，特别是硅谷地区引领世界的科技创新，熟悉美中两国科技方面的专家、管理人员的优势，汇聚有志于促进美中合作的有识之士，做中、美技术交流的工作。

我已退休十多年。到了老年时期，又一次转换了跑道。比如要了解美国税务局对非营利组织的管理要求；收集有关智能电网、建筑节能、信息技术、再生能源和智能交通等方面的信息动态。自从大学毕业，参加美国麻省卫生署跟踪接种过小儿麻痹疫苗病患儿童的流行病毒学工作，到中科学院动物所搞大白鼠组织衰老变化；从羊组织提取和纯化前列腺素，应用于妇女计划生育；到湾区美国宇航局管理中型计算机、编写程序，分析失重情况下的动物实验；到绿色能源，关心全球天气暖化，还参与美中绿色能源促进会团队，为中国电科院作了调查美国智能电网配电、用电技术发展的报告。我从生物学到计算机到绿色能源，几次重新学习，除了自己的再学习外，也证实了我在中西女中受到的中、西文化教育，让我受益无穷。我想，在我的人生中，无论在青少年时期，还是在中年、老年时期都离不开“中西”两字，“中西”已融入我的一生。

感恩，我的“中西”母校，欣慰，我有“中西”文化，庆幸，我走了“中西”融合的人生之路。

（2014年10月17日）

薛正希望工程

1951届　陈宗慈

薛正希望工程的首创者

上世纪八十年代希望工程在中国是相当普遍的。八十年代初期，中西校友陈晋明女士响应上海第三女中名誉校长薛正之呼唤，供应科学实验的仪器。之后薛校长鼓励陈晋明转移她的精力到社会上去发挥母校的精神。薛正希望工程就此开始，使中西老校长的梦想成真。

薛正希望工程的特点

陈晋明设立的希望工程的特点是以女学生为主。中国古老的重男轻女的风俗在社会上影响甚巨。尤其在农村，女孩子没有机会入学。1994 年《人民日报》报导中国青年文盲的统计，女性和男性文盲的比例是四比一。在贫穷的农村，女孩子入学则更艰难。

陈晋明是美国西部中西校友会会长，她也是一位社会上活跃的筹款家。她希望校友能发扬母校精神，促进农村女孩求学的机会。通过上海市第三女子中学的介绍，陈晋明在北京认识了一位校长何静女士。何校长于 1992 在江西南昌创办私立中学，她接受了陈晋明女士的计划，共同开始实施薛正希望工程。这希望工程始终是中西校友，市三前(任)乌美媚副校长及育才何静校长互相合作的项目。

招生的条件，第一，经济贫困；第二，学业优秀；第三，品行端正；第四，前任教师证明学生有领导能力；第五，父母必须应允支持女儿连续读完三年课程。

为了招生，何静校长走遍江西南部：按照政府 1992 的统计，有些地区的情况尤为突出：赣州，吉安及上饶三地区老百姓的年收入只有 650 ~ 1 700 元。何校长精心挑选品学兼优的女学生，终于在 1995 年秋季启动了育才、育英女子高中班。第一届有 42 名。1997

年第二届，也是42名。

育才中学因为希望工程项目关系，得到乌美娟校长指导课程计划。育英女子高中班的课程包括主、副科加上微机，美术，音乐，书法。育英班的学生都住读，课余有何校长的热心指导。

校友的合作

陈晋明的计划非常详尽，在国内及国外都有校友参加服务。海外校友的捐款平均为每个学生370美元。在国内有上海市三女中前任副校长乌美娟和南昌江西省医学院高摄渊教授。在海外的校友有香港校友会长陈秉贞及澳大利亚的林太琏校友。陈、林两位都从事服装制造业。她们前后探访她们资助的育英班学生。第一届毕业生有两位被选到林太琏在深圳的制衣厂工作。美国校友到育才中学育英高中女子班去考察的有陈宗慈教授，代表海外校友资助的人和学生有密切联系。由于校友与育才的学生有多方面接触，学生对中西女中的校训：*Live, Love, Grow* 有特别的体会。例如第一届的一个同学网址就是 LiveLoveGrow@hotmail.com（为了保护同学的私人权利这网址并不是真实的）。

中西海外校友资助江西育英女子班

学生家庭访问

第一届育英班结束一年半后，何静校长安排中西校友加强对学生家庭的认识。1996年六月，她带了三个从上饶地区来的育英班学生，南昌医学院教授高摄渊及美国旧金山州立大学护理教授陈宗慈。六个女性坐了一辆破旧的小型车，由一个年轻的驾驶员，飞快地在小石子路上，开了好几个小时，终于抵达目的地。早上探访曾姓家庭三代同住的屋子，中午到王家，傍晚到了李家。

给我印象最近深的是王妈妈。她是个寡妇，丈夫是农民，在田里干活时被电击毙。她带了三个孩子在瓦厂工作谋生。她的房子有瓦墙，地是泥土地，家养的鸡在泥土地上自由活动。厕所是在一间空房内，里面只有一个木马桶。井水要到很远的地方去打。厨房的一个角落里有个炉子，燃料是几根细瘦的树枝，要不停地加料。在这样的条件下，午餐时王妈妈还上了四五道菜。她说她杀了唯一的母鸡请大客人。我实在过意不去。虽然那可怜的鸡肉又瘦又干，我却衷心地感佩王妈妈对我们的热诚招待。最后访问的是李家。学生是育英班的班长，上有年迈的祖父母，母亲心脏又有病，使她非常担心。李妈妈和李婆婆准备了丰盛的晚饭。最后还上了一道粽子，味道很像家里母亲做的，使我倍感亲切。

这三个学生，三个家庭的状况，可以代表大部分育英班的学生。如果没有薛正希望工程的机会，她们就会留居农村，复蹈前辈人的命运。很可能没有中学毕业的机会。何校长对育英班学生的前途特别关心。在我们访问五个月后，她来信给我和陈晋明表达她对学生高中毕业后前途的关怀。有些毕业生除了找工作外，可以半工半读进大专。何静校长的思路明确，又有雄心，她鼓励学生面向将来，一步一步往上攀登。

晋明领导校友捐赠大学奖助金

薛正希望工程初期入学的是初中毕业生。经过三年的栽培，有不少质量优秀的学生迈步前进，投考大学及大专的同学不少。考不上的，下一年重考也有。在1998年及1999年两年内，第一届毕业生总共入榜的有25名。2000及2001年第二届毕业生总共入榜的有32名。所有考上大学的有57名。薛正希望工程招收两届学生总共84名入高中；考入大学及大专的农家女儿将近七成之强(57/84=0.68=68%)。

这批大学毕业生能够跻身上流社会的知识阶层，可说是与中西女中的德育教育“积中发外”精神互相呼应而开花结果。陈晋明工作仔细，她与校友保持密切联系。她会把每一个学生的成绩汇报给资助的校友，鼓励双方互相沟通，培养亲切的感情。当中学毕业生要上大学需要资助时，校友的资助就会源源不断。

女性刚开始在社会上就业时，她们所选的职业，大部分是扶养性的。育才育英女子中学毕业生考师范学科的将近百分之五十，其次是经贸会计方面，因为中国正在重视对外贸易。选法学与计算机两门的与选健康及医学的数目相等，选农学的只有一名。我们可以观察到这批来自贫困环境的女生，很快为自己适应国家发展的方向，选择了实际性的职业。

李淑婷，一位超凡的领袖

李淑婷是我资助的中学及大学的学生。她来目江西南部赣州，家里还有个妹妹。她的年纪比同班同学略大，所以比较成熟。我去南昌共三次，育英班有表演或演讲，李淑婷总有一份。她高二时，给青年杂志投的稿被录选，还得到了奖金。高三时，被分配到理科。可是她偏爱英文和语文。高考第一次没入榜。第二年 1999 年，考语言科录取，在南昌大学攻读学士。然后进修研究生，半工半读。得到硕士学位后，进修博士学位。在

陕西省妇联主任刘丽鸽与陈晋明

北京语言大学找到导师。在这过程内，结了婚，育了一女。丈夫分配到外省，孩子交给婆婆养。在这艰苦的日子里，她没有放弃学业。终于在 2013 年夏季获得南昌大学语言系 (linguistic) 博士学位。她从 1998 年中学毕业，十五年后，获薛正希望工程育英女子班唯一的最高学位的领袖。这样吃苦耐劳的精神的确可敬可佩!

薛正希望工程短短的历史

育英女子高中班的第二届是 1997 年开始的。第一届是 1998 年毕业的。何静校长于 1998 年初赴美国，从西部到东部进行考察，体会到移民的艰苦经历。在从美国东部返回西岸的路上，乘坐一辆私人汽车，中途突遇车祸，竟然就此去世。何校长热心公益，待人诚恳，献身教育，热爱学生，为学生前途高瞻远瞩。薛正希望工程突然失去了最关键的领导人，实在太遗憾了。

2012 年，中西女中 120 年校庆，陈晋明召集了育才的毕业生一起相聚。十几年没见面的同学，带了丈夫和孩子一起参加一整天的活动。何静的姐姐何惠贞是育才中学的书记和会计，她处理大学资助奖金。我们齐聚一堂庆祝希望工程成功，也纪念何静校长的功劳。在上海的数学老师王训香汇集了 69 个同学的照片和短述，印出了薛正希望工程班唯一的一本“年刊”。毕业生表示她们要继续中西女中校友的榜样去帮助别人！最后我附

2007年6月陈晋明与春蕾班合影 (2007.6)

上李淑婷代表全体薛正希望工程育英高中女子班同学的信如下：

陈宗慈教授：

市三女中庆华诞，久别同学喜重逢。值此美好时刻，我们用祖国的语言向敬爱的陈宗慈教授以及原中西女中的其他海外校友们致以真诚的问候和深深的祝福，愿你们健康、平安、幸福！

曾经的八十四名女生，曾经的八十四缕希望，今天又汇聚在一起，向曾经点燃希望的恩人们表达我们的思念之情。“薛正希望工程育英高中女子班”，或许很多人对这个名称并不知晓，但在我们心中，它却是最响亮、最长久的，被冠以这个名称，成为其中一员，我们感到无比荣幸与自豪。

赣江之畔，我们欢声笑语余音未消；鄱湖之滨，我们的朗朗书声犹在耳旁。“德才兼备，面向未来”让我们刻苦学习，保持乐观；“*Live, Love, Grow*”让我们更加懂得了自立自强！十余载风雨，十余载成长，如今我们已从豆蔻年华迈进而立之年，愧无卓越成就、锦绣前程，却能克己勤勉、坚持不懈，在工作中积极向上，在生活中努力经营，创造着一个自己、一个家庭、一个孩子的未来。

陈教授，您资助的两名女生中，李淑婷已成为大学教师，正在攻读博士学位，并拥有一个可爱的女儿和幸福的家庭；刘晓辉虽已失去联系，但我们相信她也正朝着美好未来努力奋斗。您和您的姐妹们付出的不仅是经济上的资助，更有让我们受益终生的精神，我们定当铭记在心。

如果说“滴水之恩，当涌泉报”，那么涌泉之恩，又何以为报？“等你们有能力的时候，去帮助和你们一样需要帮助的人。”一句简单朴实的话，却道出涌泉之心：涌泉怎会索求回报？既为涌泉，则只会源源不断地向外广施甘甜。如果它灌溉了田野，就希望庄稼丰收造福人类；如果它滋润了草木，就希望百花齐放遍野芬芳。我们就是那田野草木，让我们以谷物花朵贡献于人间，源源不断地把爱传递吧！

薛正希望工程育英高中女班全体同学

李淑婷执笔　2010年11月3日

回忆母校

1951届　雷璧芬

我是一个年已过八旬的人了，每当回忆起自己的一生时，总使我感激母校中西女中对我的教育。我是从入中西女中二附小的幼稚园开始，直到中西女中高中毕业，总共在中西这个校园中度过了十四个年头。我觉得母校不只是教给了我文化知识，更重要的是教会了我分析思考、灵活应用、实际解决问题的方法，是我一辈子都用得着的。

我记得那是小学三年级的一堂英语文法课，当时我们班的英语老师由二小校长江洁贞女士亲自担任。那堂课是学句子的组成，Sentence、clause、phrase（句子、构成句子的一个成分、短语）。江校长先给我们全班同学分析讲解了Sentence（句子）是由clause（从句）和phrase（短句）组成，什么是clause？什么是phrase？什么是sentence？她列举了很多例子。最后她说："为了让大家能分清clause和phrase，一起来做游戏回答问题。"她要大家围坐一圈，然后她念一句英语，要我们顺序依次站起来回答是clause或phrase，回答对了就坐下。江校长再说下一句，顺序下一个同学来回答，若错了，那个答错的同学就站着，不得坐下，下一个同学回答，直到有同学答对为止。然后再进行下一句。开始时，进行很正常，江校长念一句clause或phrase，同学们都正确回答了。顺序进行了约半圈，江校长突然念了一句完整的sentence，大部分同学还都停在区分clause和phrase的意识下，一下子转不过来，因此第一个就回答了phrase，江校长说："不对。"当时气氛就紧张了，第二个想phrase不对，就回答了clause，江校长又说："不对。"第三个就不知道回答什么了，就回答说："不清楚。"第四个就只摇头，不作任何回答了。这时轮到了我，我冷静地想了一下，分析了一下，江校长念的是一句既包含了clause，又包含phrase的完整句子sentence，我应如此回答，因此我就站起来回答说："是sentence，包含了clause和phrase"。江校长笑着说："回答很好，大家请坐下。"然后江校长对大家总结说："要学会

中学时代雷璧芬

分析思考，灵活应用，对题回答。c1ause、phrase、sentence 你们都懂，只是缺少了针对问题分析思考，灵活应用的方法，因此很多人不知怎么回答或是答错了，要从中总结学习思考的方法。”这堂课给我印象深刻，至今仍仿佛发生在眼前，终生难忘。这堂课不只是学的英文文法，是学的在我今后一生中，遇到任何突发问题，如何去解决的方法。要针对问题全面分析、思考，然后灵活应用自己的技能，去解决问题。

在中学年代中，数学和物理是理工科中两门重头戏，大家都很重视，我们的数学老师是小王老虎（王承诗先生的爱称），数学专家，精通专业，很严谨热情，深受大家尊敬。我们的物理老师是李著瑞，她博学多才，讲课也很清晰、易懂，大家都很喜爱她。有这么好的老师是我们的福份。我们的老师们对学生也都认真负责，努力想把我们教得更好、更深、更全面。中学时，我们大部分同学是住校的。因此放学后，我们经常会三两的约了一起去老师宿舍问问题。老师们都热情接待我们，认真回答我们的问题，并着重在思路上引导启发我们，使我们受益匪浅。老师们会在期中测验中，偶尔加出一些选择题，这些题目是老师没有直接教过的，是我们已学过知识的派生或延伸，需要你动脑筋去认真思考，认真分析后才能推理发挥出来。每次遇到这样的考试，往往只有极少同学能完整回答出来，但每次遇到这样的考试，却能极大调动全班同学的学习积极性。每当这样的考试一结束，老师把所有考卷收齐后，一离开教室，教室里就轰动了起来，差不多全班同学都拥到黑板上留下的考题前，你一句，我一句地讨论如何解答这些题，一连可以讨论上很长时间，直到大家对解答这些题的方向、思路明晰了以后才肯罢休，才肯满意地散去。我有几次是答对了选择题，因此也得到老师的表扬并得到了超额奖励分数，受到了极大的鼓舞，也使我树立了这样一个信心，今后会遇到各式各样的问题，是你从未遇到过的，是你不熟悉的，是你不曾直接学过的，在这些复杂问题前面，你要镇静，要动脑筋，要运用发挥已学的知识，去分析、发挥、推理，解决问题。

我们的老师还很关心不要把我们只关在校内，而要把我们放到外面的世界里去闯闯。我记得初二时，有一天放学时教我们几何的张小如老师找我去。她很认真地对我说：“雷璧芬，明天早上八点钟要你去参加一个活动，同去的，还有李再娟和叶丹霞，我已分别通知到了。你一定要明天早上七点半前等在校门口，我们集合一起走，千万不要迟到。”因此我就很准时地在第二天早上去集合了，集合后，张小如老师告诉我们，要我们三人代表中西女中去参加上海市中学的数学竞赛。我听了，觉得很突然，同时毫无准备，有些觉得慌，但张小如老师鼓励并安慰我们说：“不事先告诉你们是竞赛，就是要你们在没有准备的情况下去参加，这样才能考出你们的真实本领，因此你们不要紧张，不要慌，要镇静，勇敢，就像平时的班上测验一样，我相信你们是能考好的。”在张老师的鼓励下，我们三个牛犊就进入了考场。这次参加数学竞赛的人数很多。好几间教室都满了，同时考题也很多，一共要考整个上午。后来，我从我们班长处得知：这次中西女中竞赛得了可慰的成绩，是全市第三名，仅落后于上海中学和南洋模范。这次对我确实是经历了一次不平常的实战演习，也教我悟到了人是要在经风雨见世面的环境中成长的。

离开母校中西已有 60 多年了，回想起在中西女校的青春岁月，自己的心情很激动。感谢母校的培养教育，感谢我亲爱的老师们。

(2015 年 3 月 18 日于香港)

中西女中开启了我医学的梦想

1951届　林云璐

我出生在一个医学之家。父亲是一名医生，每天的工作就是拯救病人，从小便看着父亲如何医治病人，望着一个个愁眉苦脸病恹恹的病人来到医院，又满脸微笑，欢天喜地地离开。这样来来去去，医学这个看似有些神奇而又伟大的字眼就在我的心中埋下了兴趣的种子。我也立志要用医学的力量拯救更多人的生命，看到更多张笑脸。这颗梦想的种子在中学时代开始发芽了。

抗战胜利那年，我进了中西女中，学校生活有许多珍贵的回忆。唱歌是我的一大爱好，由于拥有一副好嗓子，我也曾是合唱团的一员，在我的记忆中，中西女中有很多各种类型的活动和演出。其中让我最记忆犹新的要数初中时协助数学老师开办义务小学这项工作了，当时义务小学的校长是数学老师张小如，在中西的后门日本人留下的木板屋内办了一个义务小学，招收那些周边贫困家庭的孩子免费上学，当时只想着要帮着老师能给予那些孩子一些帮助，在班上我是投入这项工作最积极的。

进入高中后，我就有了明确的目标，那就是要学医。学医是我早已定下的目标和梦想，这是我热爱的事业。在别人还在思考选择时，我就已经确定了大学专业的选择。理科是我的强项，中西女中为我打下了扎实的数学功底，物理化学中融会贯通的知识积累，敏捷的理性思维，这些都是我走上医学道路的基础。1951 年高中毕业，我以优异成绩考入了上海第一医学院，从此走上了医学道路。

大学毕业后，我被留在医学院成了一名培养医生的教师。在上海第一医学院执教的日子里，学校开办了英语班，要求全英语专业术语教学。中西给我打下的扎实英语基础，使我能够胜任此重任，在当时很少有老师能用一口流利的英语讲课，所以我要感谢母校，她独特的英语教学方法，让我具备了如此出众的能力。

上海第一医学院教授林云璐

我在上海第一医学院病理生理教研室工作，虽然没有成为一名临床医生，但是仍然可以进行医学研究。我主要研究的是细胞免疫。1978年改革开放后，我成了第一批由教育部公派出国留学的3000名人员中的一名。在此之前中国生物学的技术远远落后于一些发达国家，实验中没有应配的仪器，也没有该有的药物和试剂。要在病理生理学科中作出成绩是很困难的，所以只有学习国外先进技术。我到伦敦国立医学研究所免疫系学习、工作，是非常好的学习国外高新技术的机会。“甲型流感病毒特异的T-杀伤细胞克隆”这项研究工作世界上几个有名的实验室和许多著名专家经长时间研究，都没有取得成功。我翻阅了大量文献资料，发现前人失败的共同特点是这类T-淋巴细胞培养到第二至第三个月时，会发生危象，细胞迅速死亡，直至全军覆没。我自己培养的细胞在第二个月果然也开始大量死亡。这段时间需要夜以继日地密切观察和培养，随时发现问题，随时采取措施。于是，我每天三四次观察细胞，适时更换营养液和抗菌素等，帮助细胞渡过难关，终于从数百个培养小孔中保存下来两个小孔细胞，并将其中一个小孔的细胞进行克隆化(即单个细胞培养)，建立了国际上第一株甲型流感病毒特异T-杀伤的细胞克隆。

这一细胞克隆技术的成功，可以用于防治流行性感冒。这一成果在联邦德国海德堡召开的第十四届国际白细胞培养会议上报告后，受到国外学者的高度评价，这株国际上首次克隆成功的“甲型流感病毒特异的T-杀伤细胞”也被国际学术界以“林氏”命名。我将这一研究成果以第一作者的学术论文发表在国际著名学术刊物*Nature*上。《文汇报》也在1984年6月5日作了报道。

但是科研之路是没有终点的。我还进一步研究了该细胞克隆的生物学特性，发现它在体外的特异杀伤作用。在国外的学习扩展了我的视野，学得更多，才能做得更好。回国后，我建立了自己的单克隆抗体技术实验室，研究抗肿瘤的免疫实验工作。

在医学院工作，培养医学人才仍然是我的一项重要工作。我70岁时还回到医大帮助开展对英语国家留学生的教学工作，给年轻教师传授经验。我希望我的学生能够在创新上有新的突破。

我在中西

1951届　邵绡红

寓教于戏

我进中西时，海格路校舍附近的大院还有日本兵站岗，我们还多次作防空演习。那是抗战胜利前夕。未久，日军投降了，苦难的日子终于过去。第一次踏进忆定盘路校门，倾倒的汽油桶、破轮胎，杂乱地扔弃在污浊的草坪上，那一幕令我心惊。不过很快，那景象一去不再。忆起母校，教学楼前那一片绿茵总是那么亲切。去年，邵聿雍从上海带回那张我们站在 Richardson Hall 台阶上的全班合影，第一排左边矮小的我，不正望着那片草坪吗？我找出一张以 Social Hall 为背景的照片，我和几个同学坐在草地上，身边是我的好友黄韵戈。以前我们不怎么熟，她是个高个子，课堂里坐得离我较远。我们是一次在戏里的“母子情”结了缘。那是 66 年前的事了！记不得那出“*Bible Story*”的剧名。只记得，我饰瞎眼的老母亲。两手像在寻找什么的张着摸着，睁着迷茫的瞎眼，朝着远处，用深情，哀伤的语调，冗长的台词，训诫着桀骜不驯的儿子，后来儿子“浪子回头”了。记不得自己说了些什么，只记得，台下鸦雀无声，我自己感动得流泪。我保存着一张小照片，是这段记忆的佐证。我们“母子”俩和姚永德扮演的“父亲”穿着阿拉伯服装，在礼堂后面小门口拍的，好像是 Miss Craig 导演的。这场演出后不久，在一次换教室上课，同学们争先恐后下楼时，我滑跌了。左臀疼痛，引发了一场大病，结核性骶髂关节炎，手术，休养，前后两年，再也没能回中西上学。

回忆我在中西的 4 年半，大礼堂的舞台就像是我的补充读物。每星期五上午最后一节课，全校同学聚集在大礼堂，各班级轮流演出，剧目大抵是结合教学内容的。记得我们初一，结合生物课，我朗诵一篇《蚂蚁的生活》。那是我第一次登台，紧张极了。老师教我：“眼睛不要看台下的同学，朝前面看，看远处，看礼堂进门那里。”我终于战胜了羞怯，一字不落地背出了整篇文章。初二，结合历史课，我又被老师选中上台。那是讲孙中山破迷信，简短的一小段表述，不知道谁编的。让我高高地坐在一张桌上，从头上披下一大块白布，扮演观世音，面前点着香烛。孙中山来了，是杨濛饰的。她上前扳断观音的手指，表示她不信菩萨。我赶紧配合她，把两只手指弯曲下来，缩进手掌。杨濛后来去香港了，改了名，就是后来的著名影星夏梦。她从小就有演剧才华，那时她就会唱京剧。有一次，她一个人上台唱一曲。我没有在台下看，我在后台，老师要我负责帮助她穿脱戏装。我这才第一次知道，京剧里花旦的小脚是怎么回事。原来，她只是把脚尖穿进小鞋，脚后跟是藏在裤脚管里的。初二的英文课读 *Little Women*，又编了一段上台表演。妈妈是周希静扮的，由沈运泰演大姐 Meg，二姐 Jo 是韦秀瑾饰，小妹 Amy 是吴秀惠，而我扮演的是三姐 Beth。每次看到那张剧照，我就心里窝囊，因为我的头发乱蓬蓬的。妈妈听说我要出演外国女孩，特地带我去烫发，本来我梳着辫子，散开来，长发披肩挺自然的。剧情只记得一点点。戏里，妈妈外出，四姐妹在家瞎搞。Jo 得意地端了一盘白糖拌草莓给大家吃。她弄错了，把盐当作了糖。事实上，什么也没放。酸酸的草莓，吃得我们个个龇牙咧嘴，引得观众哈哈大笑。同学们，你们还有人记得这场表演吗？还有一次，有个高班的同学表演芭蕾舞，老师指派我做四个伴舞者之一。其实，我又不会跳舞，临时排练，做几个动作而已。不料，出了个大洋相！主角跳到我身边时，我正巧挥舞手臂，拍在她的大腿上，发出一声巨响，吓了我一大跳。我很难堪。不过，主角若无其事地继续她的舞蹈表演。也许，音乐遮盖了那个意外的声响，台下没人发觉，可是我十分自责。事后，那同学没有为这个插曲怪我，她的大度我铭记在心。我们班有什么其他演出，别的班级演了些什么，具体都记不清楚了。我总是很期待星期五，这个活动给我很多欢乐。剧目多种多样，很多同学在这个舞台上有精彩表演，譬如，比我们

1951届演《圣经的故事》(左起：黄韵戈、邵绡红、姚永德)

高班的涂长松，竟然说得一口苏北话，把个社会底层女工的泼辣活脱脱地托出，令我十分佩服。中西这种“寓教于戏”的方式，让我们轻轻松松地吸收了许多知识，得到爱的熏陶，美的欣赏，无疑是一种很好的补充教材。

我不是个演员的料子，内向，寡言，身材矮，嗓音低，不是个喜欢在人前装模作样的女孩。小时候舞台演出给我的锻炼，竟会铸成我的事业成就，教育家也许没有想到。我工作三十一年的成绩，就是我敢于担当，甘为“幕后英雄”。我的职业是医生，为口腔医学教育事业献出我大半生心力。从培训初级的赤脚医生、红工医，中级的补牙训练班、牙医士学校，创办口腔矫形技士班、技师班，到高级的，口腔医师培训班，医院办校（创办口腔大专班），以及为江苏医学院从无到有创办口腔专业。课堂教学之外，我手把手指导实习的学生超过两百名。我之所以能有在大庭广众讲学、宣讲，得心应手毫无难色的能耐，不能不说是初一那篇朗诵成就我的。演出是要有团队精神的。从医，办学，何尝不是如此。我个人的工作得到多次“先进”的鼓励，所在科室（预防科、教学办公室、医务处）得到“先进科室”的荣誉，正是共同协作的成果。在忙碌的门诊时兼任本院保健医生，在繁琐的医务处兼任江苏省口腔医学会秘书，负责医院外事工作，必须不计较个人得失才行。追根溯源，少年时克服困难上台演出，做配角，在后台做剧务工作的经历，那丝丝影响集聚的思维，形成了我服从工作需要，完成任务，为民服务的做人做事原则。八十年代初，与国外学术交流活动频繁，外事接待工作落在我的肩上。同事们望着我与外宾对答如流，从容地向他们介绍一个个科室，帮助青年医生与他们学术交流，陪同他们参观南京的名胜古迹、南京大屠杀纪念馆——他们十分惊讶我的英语之“棒”。殊不知大学里我学的是俄语，接待美国、德国、日本的同行，全靠中西四年半这点英语底子。进中西时候我的英语基础差，学习成绩一般在七八十分。是美籍教师讲课，小说名著做教材，积累了许多生活用语；加上大礼堂各班级的英语演出，学唱英文歌曲、圣歌，参加外教带领的课外活动，与她们时相交往。那种寓教于戏，寓教于嬉的教育方式，不知不觉中提高了我的英语水平。哦，在中西的大礼堂，刚解放时，我们还听到过宋庆龄在“上海各界妇女与第一届亚洲妇女代表大会部分代表见面会”上的英语发言呢！当时我在大礼堂楼厅做服务员。在中西这个有外籍教师的环境里，自己又有演出经验，使我能够在八十年代初比一般同事有一个“强项”——敢于在外国人面前张口说话。

中西啊，中西，你给我的教育涓滴成河，我终生难忘！

象牙塔的门开启了一条缝

20 世纪 40 年代末，社会动荡。那个时候，通货膨胀，物价飞涨，民不聊生。钞票贬值之快，真是“早晚市价不同”。我也跟着家人去排队“挤”户口米。在滚滚历史车轮前端的总是青年学子。上海的许多大中学校掀起的学生运动连绵不断，高潮迭起。然而，我们中西一如既往平静如水，依然教学秩序井然，教师勤勤恳恳，学生快快乐乐。人说，我们中西像“象牙塔”，脱离现实社会生活。

1948 年下半年，我被选为学生会“拾遗部副部长”（部长是老师担任的）。这是个很清闲的“官”，只是到期终，把剩下的物品陈列出来，供人认领；没人认领的，义卖捐献。一次，学生会会长罗同学通知我，去她家里开会。那是个很冷的冬日，忽然，门口冲进一个同学，是瞿明明，她不是我们学生会的干部，我认识，是我们班瞿瑛瑛的姐姐。她又高又瘦，冻得脸色发白，穿着一件宽大的棉袄，长及膝盖。她进来就急匆匆地解开棉袄，从棉袄里子上特地缝制的两只大口袋里掏出好几本书，分给大家。她轻轻地说：“我刚从交大来。不要给人看见。”转身就走了。我看看手中那本书，白色的封面，印着一行

上世纪80年代邵绡红在南京口腔医院

红字《论联合政府》，里面的纸张是灰黄色的，质地极差。作者是毛泽东。毛泽东是谁？正疑惑间，听到学生会会长做了会议总结，宣布这次会议决议：在同学回校缴学费的那天，我们要拦在校门里面，阻拦同学和家长进去缴学费，向他们宣传，我们这个“贵族学校”本来学费就比别的学校贵很多，现在又涨那么许多，大家缴不起，要“罢缴”。

缴费那天我虽然口袋里揣着钞票，也立在门口，劝阻同学和家长进楼。场面乱哄哄的，绝大多数人，不理睬我们，径直往里走；极少数同学或家长停住脚步听我们三言两语的宣传，对这个不寻常的事件不表态，仍往里走。我们人少势单，根本控制不了局面。这是一场无准备的仗，自然以失败告终。——不过，门给轻轻推开了一条缝，外面的风雨飘进了象牙塔。

一天，同学们熙熙攘攘聚集在布告板前。后面的同学踮起了脚，想看明白贴在上面的两张纸的内容。我矮，只能凑在人群里听。原来是胡燊伊写给她妹妹胡澄亚的一封信。这封信之重要，是因为它来自1949年初春的北平。胡燊伊是我们“姐姐班”的。她们班毕业的时候在大礼堂演过一出精彩的话剧——《棠棣之花》，是讲战国时期聂政刺韩王的故事。她们请话剧团的演员指导，演得有声有色，真棒。张罗罗饰聂政，演他姐姐的就是胡燊伊。她毕业之后在北平工作。北平，那时不叫“北京”。她的信里描述了北平“和平解放”，解放军进城后的北平生活。对于中西同学，解放军、共产党——是完全陌生，从来没有听说过的。这封信，像是一群鸿雁，头鸟飞进了我们校园。四个月后，上海解放了！那是1949年的5月27日。

（2014年10月）

循循善诱

1951届　盛 茵

1945年秋我进入中西女中初一年级，选修了当时校中附设的钢琴课。为了挤时间练琴，我总是匆匆研墨，草草挥笔，应付每天的大小楷作业。学年结束时，成绩报告单上开了“红灯”——写字不及格，真令人又急又羞．语文老师但家璠先生约我在紫藤棚下谈心，她说：“你是个好强要面子的孩子，长大了进入社会，字体就是你的门面呀！无论填写表格，函文往来，书法在一个侧面反映了人的文化底蕴。你喜欢弹琴，其实习字也锻炼握力，要求指，腕、肘、臂各各配合，琴棋书画本是姊妹艺术，它们相互融会贯通，一脉相承，书法也讲究气和韵，你可以从研究字体的线条中，有所借鉴、启发。”但家璠先生从来不高声讲话，她温和的语句，点中了我的穴脉。这些话以前也陆陆续续听人说过，但我一直没当回事，这次不及格，真是猛击一掌。那年暑假我开始认真练字，争取补考及格。初二任教的曾黄友黻先生，一手好字，她说汉字本是象形文，要像绘画那样来体会和表达，使我渐渐对练字有了兴趣，技艺日进。

中学时代的盛茵

高三时，有一天语文课来了好几个观摩者，钱清先生讲解了课文“一个壮烈的战斗故事”。突然话锋一转，他问大家说：“人，只有在战场上才能英勇战斗吗？”我举手站起来说：“是！然而人生无处不战场。”接着，同学们也纷纷发言，举了各种实例来论证和丰富这个论点。最后，钱清先生做了小结，勉励我们到哪里都要做一名好战士。课后来观摩的都涌上讲台，称赞钱先生教得活、讲得深，称赞同学们思想活跃，学校风气民主自由。我毕业离开母校已经有半个多世纪了，我当过教师，做过演奏员，上过战场，也站过柜台，种过农田。无论是充满鲜花和掌声的顺境，还是在饱尝磨难和屈辱的逆境，母校老师的教诲一直激励我，坦荡豁达、努力上进。校训教导我要热爱生活，热爱事业，热爱大多数人。母校的教诲使我终身受益，令我终生难忘。

盛茵在工作

（盛茵：1951 年中西毕业后，响应号召投身于市政建设。后调华东人民广播电台任钢琴演奏员。1952 年肩背手风琴赴抗美援朝前线，从白雪皑皑的鸭绿江畔到弹痕累累的板门店前，为志愿军战士慰问献演。先后在华东、中央广播乐团和上海乐团任演奏员、教员、编配、艺术室主任，国家一级演奏员。编撰钢琴曲集《外国儿童钢琴曲选 ——近现代乐曲》《20 世纪少儿钢琴新音响》；录制歌曲唱片（钢琴伴奏部分）百余张；编配歌曲钢琴伴奏千余首、译配歌曲三百余首。）

中西赋予我的三件“宝”助我做医学探路人

1951届　王吾如

六年的中西女中学校生活赋予我三件“宝”使我终身受用，它帮助我成长成才，成为医学事业的探路人。

一是建立了自尊和自信：在中西女中每个人都可能成才，不排名次、不公布成绩，维护人的自尊心；没有一锤定音的大考，只有频频的测验和小考，这次失败还有下次成功的可能；有人善于读书、有人擅长文娱或体育，有人从小显露领导才能，每个人都有机会发展自身潜能，体验到成功的喜悦。有了自尊和自信，人才能不断追求向上。

二是懂得了为人须诚实和仁爱：因为懂得了这一为人的准则，在过去政治风云多变的时代，没有伤害任何无辜的人，爱心相待身边的人得以平静地走自己的路，集中精力做该做的事。“淡泊明志，宁静致远”是我一生的座右铭。

三是打下了较好的英语基础：良好的英语基础为我增加了接受新事物、学习新知识的能力，得以抓住改革开放后的时机，获得出国留学的机会，在学识和事业方面跨了一大步。

我对医学的热爱缘于家庭和学校的双重熏陶。我的母亲虽不是医生却懂不少医学常识，家人的小毛小病，她知道用一些很普通的药或民间方法治疗，还会用蒸煮等方法消毒器具、打肌肉注射针等。受到母亲的影响，我在中西女中就读时就经常去图书馆阅读有关卫生健康类的书籍杂志，学习医学科普知识，对医学的了解更进一步激发了我对医学的兴趣。

在学校里化学老师彭大咏先生还曾在课余带我们几个学生到上海医学院（现复旦大学医学院）解剖科去参观。我们近距离观看大学生解剖经过福尔马林固定后的人尸体，我认为探索人体奥秘是一项很有意思的工作，我不害怕尸体。

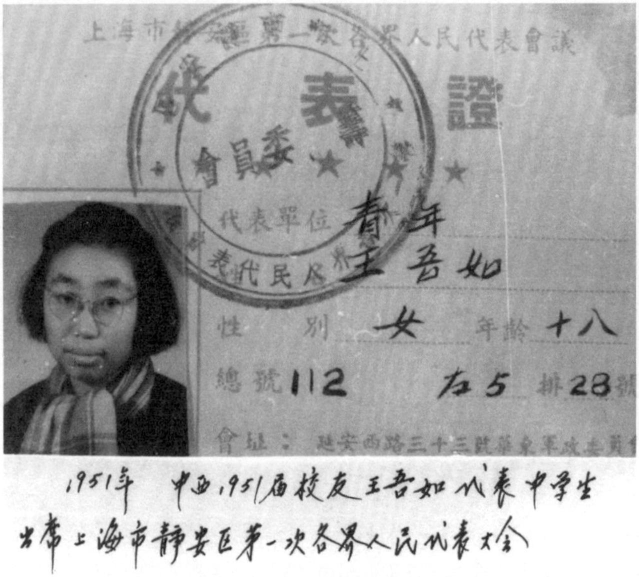

1951年王吾如代表中学生参加静安区人代会

哈尔滨医科大学教授王吾如

1949年暑期的一件事深深影响了我，让我坚定了一生从医的人生道路。当年，我参加一项基督教会组织的活动，活动旨在为农村百姓免费注射伤寒、霍乱预防疫苗。

冒着烈日，我们走在狭窄的田埂和泥土小路上，从一个村到另一村。我第一次学习应用注射器，第一次感受到为农民服务的真实意义，且家庭和中西的教育，已使我具有要“为善”的基本信念，甚至还有一些神圣和浪漫的感觉。我曾和一个很好的朋友相约长大当医生，骑着自行车到乡下为农民看病。

正是在家庭熏陶和学校教育的共同影响下，使我产生了学医的愿望。高中毕业后我考进了哈尔滨医学院，毅然决然地踏上了医学这条漫长的道路。而这一走，就是整整55年！

中西为我打下了良好的英语基础，使我在改革开放后成为第一批公派的留学生，有机会到国外去学习先进的医学观念。

1979年末到1982年5月，我被派往瑞士在洛桑大学留学。这是教育部在改革开放后第一次大规模通过考试选拔公派留学生。

这次留学，除了专业上学到国外的先进科学知识和技术，更大的收获是开阔了眼界，深感中外文化的差异。突然从刚刚经历“文革”动乱、信息极端闭塞的中国跑到高度发达的西方社会，我承受着强烈的文化冲击与观念冲突。

我在大学病理系学习和参加一些科学研究，一年半后得到了一些有价值的科研结果。导师要我在系内做一次学术报告，我觉得我的工作结果还不够好，但我最终同意去讲，我说："行吧，如果我不讲，系里的人们会疑惑我这一年半在干什么？"导师纠正我说："不是这目的。去讲是你让别人分享你的工作成果，哪怕这成果现在还不够完美，但毕竟这工作只有你做过，对他们说来都是新鲜的、有意义的。"对于同一事件，竟然有完全不同的出发点和态度。我们常过于在乎别人对自己的看法和评价，常缺乏自信或过于谦虚，而西方人更多是看到事物的积极和乐观的方面，乐意与人分享。这也是东西方人观念上的不同。

三年半的学习，我不辱使命，完成了学习任务，留学瑞士洛桑大学及瑞士实验癌症研究所，获医学博士学位。

病理学是我所热爱的专业，是我的兴趣所在。我是哈尔滨医科大学教授、博士生导师，主要研究方向为肿瘤病理学及癌转移机制。留学让我认识到西方有许多观点和观念值得我们学习，中方的传统、西方的开放，在两种不同的文化思想观念的碰撞中，我重新审视自己的价值观，追赶世界尖端医学技术的强烈使命感也不断鞭策着我，促使我不断反思，不断进步，在医学国际化、信息化的道路上不断努力探索。

几十年来我所做的事就是医学的探路人，为后人探出一条路，为医学界开疆辟土，指引着更多的医学学者、爱心的人士和有着"为善"决心的人们，共同为需要帮助的人们和这个社会做贡献。我曾多次获国家及省级科技进步奖、全国教育系统劳动模范和省劳动模范荣誉。曾担任第七、八届全国人大代表和中共黑龙江省委委员。我至今还受聘于哈尔滨医科大学附属医院，每周 2 天饶有兴趣地做一些病理诊断工作，对疾病性质做出比较准确甚或精确的判断，对临床诊断和治疗疾病提供重要的帮助。

我的一生可算是成功的、幸福的。中西女中的教育让我受用终身，中西的教育理念在我的人生中留下了难以磨灭的印迹。

回顾1951届

1951届　巫漪云

70年前，1945年夏天，日本宣布无条件投降，艰苦卓绝的抗日战争取得了伟大的胜利，中华大地一片欢腾。是年9月，一百多个活泼天真的女孩(我是其中一个)，作为初一新生，心情十分振奋到中西女中去报到。这就是1951届学生。我们站在美丽的校园内，面对修葺一新的教学楼莲吉生堂(Richardson Hall)，聆听学校领导讲话。原来日寇进驻上海后霸占了中西女中的校舍，当时学校为了不让学生失学，不得不放弃原来校址，到市内其他地方租借房屋继续办学。由于条件有限，学生只能半天到学校上课，半天回家自修。这种情形直到日本投降，日本人才很不情愿地从中西校舍撤出。学校通过各种途径，包括募捐，筹得款项，这才在最短的时间内完成整修校舍，添置教学设备，使学校能迁回原址，在新学期准时开学。我们听了都非常激动，因为这是极其生动的第一课，教育我们一切来之不易，非常珍贵。我们一定要认真学习、奋发图强，长大以后为建设祖国贡献自己的一份力量。

1951届巫漪云

1951届同学实践了自己的诺言。在宽松的学习氛围中，她们认真学习，发愤图强，努力获取各学科有益知识，并积极参加丰富多彩的课内外活动，在各方面取得了不俗的进展。

初二时，上海教育部门组织全市初级中学数学竞赛，愿意参加学校可以报名。由于数学历来为男生霸持，是女中的弱项，很少女中报名。当时张小如老师想替

1948年初中毕业照合影

中西报名。消息传出，社会上就流传一种言论，认为中西女中自不量力，参加数学竞赛煞是可笑。张老师听了很是生气，认为冲着这种言论就一定要去报名。参加竞赛可以了解本校学生实际水平，没有什么不好，于是报了名。参赛的学校需派三名同学去参赛。我们年级的叶丹霞、雷璧芬、李再娟便代表中西去参赛，后来公布数学竞赛结果：冠军是省立上中（江苏省立上海中学，即如今的上海中学）；亚军是南洋模范中学；季军为中西女中。消息传来，我们欣喜若狂，因为这个第三名，含金量很高，说明数学不一定是男生的一统天下，只要认真钻研，坚持不懈，女生也是可以学好数学的。

1951届是1945年秋季入学，1951年夏季毕业的。初一时为4个班级，初二时为3个班级，升入初三时为2个班，以后到高三都是2个班。中间由于种种原因，有一些同学随父母离开上海到其他地方去了，高三毕业时不过四十余人。毕业前，由于革命事业的需要，一些同学先后离开学校，奔赴革命岗位。如项郁文去了中国人民军政大学，郑依柳参加军事干校(1950年底)；钱元佩、严瑛参加上海市公安局工作，沈济莘参加军事干校(1951年)；朱理平、盛茵、卢成栩、佘守錡、鲍培珍参加上海市政建设。其余同学中

1951年高中毕业照合影

1951届团支部欢送朱理平参军

绝大部分准备考大学。直到抗战胜利，女生上大学虽然逐渐增多，但是受传统影响，比较偏重文科。到了我们毕业时，由于社会形势发展，学校课程不断充实，学生视野大大扩展，对国家建设需要认识加深，学习自觉性与兴趣起了很大变化。粗粗统计，毕业后考医科及后来当医生从事医疗工作的占了19名；考工科的有6名，考理科的6名，考文科的不过5-6名；另外服从分配，从事教学工作的有6名，还有少数去向不详。1951年国内高校考试也有很大变化，教育部组织了第一次全国高校统一考试。根据一些同学回忆，高考好像分文、理、工、医各科，考生可以按志愿报名，填写学校，但必须应试多门课程。文科和理、工、医科一些科目的试题稍有不同，凭考试成绩择优录取。考生报名与高考考期间隔很近，谈不上什么复习，事实上，也无从复习。可以说，那是一次临时凭真本事应试。后来考试发榜了，录取名单在报上公布，经多方联系，反复查询，收集情况，才得知我们年级报考的同学都被心仪的学校录取了，相当数量同学还名列前茅。事实证明中西女中培养出来的学生还是有质量的，1951届同学为此高兴，也为此自豪。

（2015年6月10日）

回忆我在中西女中的学习生活

1951届　姚永德

那已经是六七十年前的往事了，但亲身经历的往事至今仍历历在目。

记得在抗战时期，我们中西女中的校园被日军霸占了，学校被迫迁移到当时海格路临时校址上课。

当时学校规定日语为必修课。教日语的是一个日本男人，上课时，他总是神气活现地挥动着一根三尺长的教棒，东指西点。我们所有同学都对学日语毫无兴趣，总是在课室里私下交谈嬉笑。有一次，这个教日语的人实在忍不住了，终于勃然大怒，就用教棒拍打讲台，大骂我们，并转身在黑板上写了三个大字“最恶班”，然后匆匆离去。

抗战胜利后，全国人民都沉浸在欢乐的海洋中，中西女中也从海格路复校到忆定盘路原有的校园中。我和同学们回到那里，眼前的校园是一片凌乱荒芜的景象。大家在薛正校长的带领下兴高采烈地整理校园，安排课桌课椅。母校啊！我们终于和你一同回到自己的家园了。

从此，中西女中的校歌又在原有的校园中嘹亮地回响。校歌中的校训：*Live, Love, Grow* 一字一字深深铭刻在她的学子们心坎上。

说到 Live，那时我是住读生。一日三餐学校专管膳食的营养老师都会为同学们配搭出色、香、味俱佳的美食，既健康又好吃。在晚餐后，我们常常会三三两两散坐在 Richardson Hall 前面的大草地上，看看夕阳，唱唱诗歌，把一天紧张严肃的学习头脑放松下来。偶尔我们还会看到有一对女同学顺着龙墙绕圈散步，她俩互不言语，羞羞答答，跟在她俩后面常有一群女同学，拍手呼喊着她俩的名字，并打趣地说，她俩在“交朋友”。这就是当时中西女中所流行的“炒朋友。”

我记得那时在宿舍里，按规定晚自修结束熄灯钟打响后，学生一定要睡在床上。

青年姚永德

姚永德

我和雷璧芬等同学是同室的，有一次熄灯钟响后我还未上床，突然教导主任吴景昭老师来查房，我不知所措，非常害怕，就不由自主地爬进隔床雷璧芬的床下面躲起来，不敢出声，同房的人都在偷笑。我那时愈发紧张，哆嗦发抖，床垫的弹簧也随着我的抖动而上下颤动起来，连带雷璧芬在床上也紧张地抖动起来。吴景昭老师进门后，打灯仔细查看，她发现我的铺位是空着的，就问道："姚永德上哪儿去了？"这时，大家都不敢出声。后来，雷璧芬回答说："大概是上厕所去了吧。"等吴老师关门离去，我才赶快爬出来，回到自己床上，总算混过去了。如今回想起来，对自己不守校规，深感内疚。另一方面，也非常感激学校师长对我们的严教和关爱。

说起 Love，中西女中非常强调我们同学之间的互助友爱。学校当时有一个"姐妹班"制度，那就是高二、高三的同学在校时间长，年龄也较大，理所当然就成为大姐(姐姐班)，初一、初二的同学则是小妹妹(妹妹班)。每逢新生入学，大姐姐们就会主动在各方面帮助初一入学的小妹妹们，让她们能在生活和学习上很快融入这个温暖的大家庭中，使她们不会感到孤单无助。

最后讲一点我对 Grow 的认识和体验。中西女中教育的原则是教书育人，要求学生要在德智体美四个方面全方位发展成长，而不要我们只是死啃书本。

在这一原则下，学校为学生们安排了各种文体活动。在 Social Hall 四楼有隔音室，专为大家学习钢琴和弹练之用。此外，我们还有歌唱团，舞蹈班和各种体育训练队(如篮球、排球、垒球、羽毛球、推铅球、垫上运动、跑步、高栏、跳高、跳远，等等)。同学们就在这样的环境中愉快而健康地成长。

记得有一次，上海市举行全市中学生女子排球联赛，虽然正值我校大考期间，但是我们还是踊跃参加了。在那些日子里，球员们白天在校考试，晚间赶到市里比赛，做到了考试参赛两不误，最后还获得了联赛冠军。所以能这样，这是和中西女中平时对学生们在各方面的严格要求分不开。每门课程，上课时随时提问，小测验天天有，小考试不间断，老师们都把成绩记下来。在体育方面，也不是临阵练兵，而是注重经常严格的训练。可以说，中西女中在智育和体育这两个方面，的确做到了“平时严格，战时从容”，这是中西女中办学原则的胜利。

每逢周末，我们都有周会，各班级经常在会上有戏剧演出。学校鼓励同学们自己动手，自编、自导、自演，化妆、布景、服饰也全是由同学自己来，各尽所能，互相搭配。从而提升了美育水平。每到高三毕业前，班级还有一场大型的毕业演出，水平高到可以对外售票，义卖的票钱作为学校的办学基金。我记得当时演出的剧目有45届刘兆兰、46届徐美贞、曲克瑛、孙以祁、李道基等演出的《雷雨》，有吴国珍主演的《光绪皇帝》，有张罗罗主演的《棠棣之花》，每次演出都座无虚席，深得观众好评。

我是1951年从中西女中毕业的，当时正逢抗美援朝，我们班级由巫漪云同学编导，演出了“郑依柳的转变”一剧，获得了满场掌声。同学们在演出鼓舞下，有的北上参军，抗美援朝，有的南下支军，有的投身于市政建设，爱国热潮一浪接着一浪。在这里我还要提醒一下，我们中西女中全都是女生，演出中的一些男角色都是由同学女扮男装来表演的，这也可算是舞台上的一种特色。

当然中西女中在智育教学的各环节和制度执行上是非常严格的。首先，老师们在每门课中认真教学，精心育人。在制度上，学校规定学生每门课成绩必须达到70分才能及格，学生如有两门课不及格就得留级，如果第二次再留级，就要被通知退学。

我从小学一年级起就进入中西第一附属小学，一直读完高中后毕业。回顾在十多年里，我在中西附小和中西女中师长们关爱和教导下逐步成长的过程，我怎能不对母校发出由衷的感谢！我怎能不对师长满怀崇敬！我怎能不思念那一个个同窗好友们！

我愿借此机会，敬祝母校发挥她优良的办学传统，为祖国的中等教育事业做出更大贡献。

（2014年10月）

中西教我为人诚实，做事踏实

1951届　叶湘菡

我在中西女中生活学习了13年，中西对我的影响至深至远，我这一生都遵循着母校教导我的“为人诚实、做事踏实、生活充实”的人生准则。

我生于1933年，5岁进中西幼稚园，一直到高中毕业。中西是我18岁之前唯一的母校。抗战期间上海沦陷，父亲身处异地，遭遇家庭经济上的断档，母亲仍不惜变卖家产也要坚持供我和姐姐上中西。我感谢母亲给了我良好的教育环境。我爱中西美丽的校园，我爱中西宽松的学习氛围。中西的老师们都是我们的良师益友，她们对我们的谆谆教诲铸就了我们的品德素质和情操教养，使我们成为“为人诚实，做事踏实”的人，成为能为国家做贡献的人。

中西女中的学习生活十分快乐。我虽不是班级中的佼佼者，但老师因人而异的素质教育为我的一生打下了扎实基础。我和同学们关系很好，我们真诚相待，互相关心，互相帮助，建立了深厚情谊。

我喜欢美术，是学校海报宣传画的骨干之一，我还身兼班级演出的幕后首选“化妆师”，这令我十分自豪。每当有班级演出时，我就在幕后为即将上台演出的同学上妆，忙得不可开交。能够发挥自己的兴趣特长为大家做点事使我感到很快乐。我就在快乐中度过了我的中学时代。

临到高考了，考什么专业呢？考虑到自己有美术专长，又想为新中国建设做贡献。受姐姐的影响，最后我选择了工科的建筑系。新中国需要建造很多高楼大厦，我报考了北京大学建筑系，被录取了。1952年全国院系调整，我调整进入了清华大学建筑系。

四年的大学生活，我对建筑这门专业从陌生到了解。建筑是技术和艺术的结合，称为“凝固的音乐”，我喜欢建筑学，因而成绩也随之节节拔高。学得最好的科目是素描水彩，我还得感谢美术大师吴冠中老师的悉心指导。

叶湘函

1955 年我从清华大学建筑系毕业，被分配到北京工业建筑设计院。通过真刀实枪的设计实践，我明白了建筑这门学问需要的是艰苦的创造性劳动。从无到有，在有限的实体中创造无限空间的价值。

1966 年 6 月“文革”开始，我被派到远在贵州的山区搞军工工程。1967 年春节时，其余同事受命返京“抓革命”，仅留下我孤身一人在工地“促生产”。回忆起当时的情景，仍清晰异常。那里的生活非常艰苦，物质条件极差，整日辗转在山沟里，寒冷阴湿的天气手背常常冻得像馒头，夜间还时有老鼠光临。对我这个从小生活在大城市的人来说这真是个不小的考验。让我咬牙坚持下来的只有一个信念：“工程设计一定要付诸实施，不能出差错。”这也是母校中西教给我的做人之道，做事要踏实，做事要负责。1967 年春，北京派人来调我回北京，之后设计院收到了解放军总后勤部发来的表扬信，对我在贵州的工作做了充分的肯定。

1970 年我下放到山西临汾，这是个城东到城西只需半小时步行路程的小城。当地的官员不知道我们这批技术人员能干什么，也不知道给我们干什么事，还有人在背后嘀咕我们是犯了错误的知识分子，这让我们十分气愤。要改变当地人的印象只能靠我们的行动。

我发现我们应当要靠我们雄厚的技术和设计能力来改变这种情况。于是我们一行人主动向地区领导自荐，态度谦卑，行动积极。为改变当地的基础设施建设做贡献。当时设计项目小到公共厕所，大到省人大办公楼，渐渐拓展到太原等其他城市，最终我们的努力获得了社会的认可。

尽管如此，临汾这个山西省的小城市还是不能满足我们想要发挥技术专长的雄心。1982 年，历经千难万阻我们一行人终于调到杭州，因为有技术能力和专业经验，杭州市建筑设计院接纳了我们。当时我已经 49 岁了。

来到人间天堂，坎坷的生活终于安定下来，为了追回“文革”失去的十多年时光，我加倍努力工作。四十余年来，都没有离开自己的建筑专业。我在建筑设计方面付出了大量的劳动和心血，其中 60% 是五六十岁时的作品。

1985 年我担任加纳国家剧院项目的组长出国考察。在加纳建设部协助下，我们小组走遍了阿克拉，搜集有关非洲传统文化如雕塑、绘画、建筑风格等，为以后的设计开展作了准备，并选定了理想场地。整个过程中，我们时常感受到一种难以抑制的创作冲动，脑中不断涌现种种意象和构想。剧院的建设最终得到了非洲朋友的赞赏。

2010 年，我负责的建筑项目中有加纳国家剧院、马里共和国会议大厦、杭州铁路新客站、上海公安局办公指挥大楼四项荣获全国“中国建筑学会建筑创作大奖”。

我深切感受到建筑创作的思想和方法要与时俱进，才能在历史、现在和未来之间不迷失方向。同时，好的合作伙伴也是事业成功的根本。

64 岁时我退而不休，仍然活跃在设计院或房屋开发公司，直到 2011 年以 78 岁的高龄宣告全面退休，开始享受晚年生活。

退休后，回忆往事，百倍感恩。是母校中西奠定了我人生事业的基础，使我能在本职岗位上做出了这些成绩。我成为教授级高工，从业生涯中担任过设计院院长、党委书记；曾被评为临汾市三八红旗手、杭州市劳模，获国家一级注册建筑师资格并得到国务院特殊贡献津贴。我将自己的一生都奉献给了我所热爱的建筑事业，在国内和国外都留下了我的建筑设计成果，我很自豪。

真愿再为祖国奉献五十年

1951届　郑依柳

1946年我进入了中西女中，在那里我度过了整整六年的时光。时间真快——半个多世纪过去了，我们这些当年朝气蓬勃的青年一代，现在已加入了老年行列。回想解放前夕的护校运动以及解放以后欢迎解放军等活动：大雨中游行、喊口号、扭秧歌、打腰鼓……到处都有自己活跃的身影。那时脑海中绝不存在苦呀、累呀、危险的想法，只认为自己在干一件重要的大事。随后在政治课的思想教育以及中外英雄人物如保尔•柯察金、卓娅、赵一曼、刘胡兰、伏契克……的影响下，我感悟到一个中国青年的责任。我加入了新民主主义青年团，报名参加了抗美援朝，为实现自己的人生目标踏上了革命的列车。想想那时一片单纯的赤子之心是多么可爱可贵。我是家中最小的女儿，父母期望我出国深造，做一名出色的外交家，所以，当他们突然面临我这新的选择时不得不对我施加压力和阻力。父母立刻断绝了我的经济供给。可是，我铁了心要跟着共产党，穿了一身列宁装，掮了一条被子就走了。母亲和家人跟在后面哭哭啼啼，我不为所动，从此踏上了一条艰难曲折的路。

1951年1月郑依柳参军

在五六十年代，我有过个人的荣誉，在极“左”路线影响下，也遭受过挫折和打击，尤其在反右斗争时，受到来自党内外的一次次批判使我百思不得其解。苦和累都没难倒过我，但是说我“反党”却使我无法承受。我想到了死，也差点走上绝路，但在剧烈的思想斗争中，在孤独中，我想到了我那被说得一无是处的母校中西女中。我想到了在校时几乎天天唱校歌：“教人处世立身方”，我不就是“立身方”才讲

1989年5月郑依柳(左)俞芷倩(右)回母校参加建团40周年活动后合影

“错”了话，闯了“祸”吗？“智圆行方柔而刚”“邦之英俊国之祥”，“凭将学识整纪纲”，我不也是为了实现这样的理想才走上这条革命道路的吗？我绝对相信自己没有错，我要在一切可能的范围内来证实自己。就这样，非但没有死而且自强自信的心念更坚定了。运动后，我虽被“发配”到青海，但是在青海每年我被提名为优秀医师。1962 年底，由于特殊原因调回上海，我始终坚持自强的原则，用自己的技术为病人服务，即使为他人作嫁衣，最终成了别人的功劳，我也无所谓，因为我知道由于政治原因，我的业务成绩是不会被认可的。

党的十一届三中全会以后，1979 年我的问题复查纠错，恢复了我的党籍。不久，为我落实政策。上海市卫生局调我任上海人口情报中心主任，使我如添双翼，翱翔于事业之中。这是一个涉外单位，执行联合国人口基金的一些项目。全国共有 6 个中心，其中 5 个主任都是男的，只有我是女的。但是每年的工作成绩都是上海名列前茅，为此曾三次得到联合国人口基金表扬，并且单位得到一万美元的奖励金。这也是我“为人处世立身方”的结果，不用这小小的领导权去谋取任何私利。在国外考察回来，我们上海首先建

晚年郑依柳

立了计算机中心，并督促各个业务人员掌握两样工具：英语和电脑，这在当时电脑还不普及的情况下，可算很大成绩。后来每人都能操作电脑，都能用英语向联合国官员汇报工作。“为人处世立身方”的原则，使我在退休前夕成了当然的中心主任，连任了十年，上面领导甚至说再也找不到比我更佳的接班人了，而在全国其他中心则由于种种原因已换了四五任主任了。作为一个女子做到了男人们没能做到的，我觉得我实现了自己的诺言，我证实了自己的价值。

我感谢母校教育帮助了我，使我一辈子受用不尽，我也以我的自强不息精神回报了我的母校和我的祖国。毕竟，个人的委曲、坎坷和挫折与祖国五十年来的动荡内忧外患相比，又何以足道呢？如果可能，我真愿为我的祖国再奉献五十年。

我的参军之路

1952届　陈添弥

我在进入中西女中前是一个安静的女孩，言语不多，有点羞涩。父母都是知识分子，所以我只会在学校读书，回家看书，想当然地认为以后的路是读完中学读大学，然后当个工程师之类，从未想过会在刚满 16 岁还在读高二时当上了女兵，并且一干就干到 68 岁，以军人身份退休。

为什么会走这样的路，是有个过程的。还得从读书开始说，在学校语文老师的鼓励下，我爱看五花八门的课外书籍，大部分是小说类，也有一些科普类的。初中开始住校，在校图书馆江老师处借书比较多，像《家》《春》《秋》和《呐喊》等，对社会有了朦胧的认识。记得初二下学期时在朋友家见到一套《鲁迅全集》，遂不管三七二十一，花了一番力气把二十几本全都借来搬回家，大致浏览了一遍，其实看得明白的并不太多，但可见年轻时求知的心态。其时确实觉得中国大多数人正在受苦受难，开始有点忧国忧民的感觉了。

1948 年秋我上初三，知道学校里有一些共产党与其外围组织的活动，我得到了一些读物，部分是当时的禁书，有《美帝侵华史》《论联合政府》《我的大学》《太阳照耀在桑干河上》《新儿女英雄传》等等，受好奇心驱使，我囫囵吞枣地看下来，虽有些稀里糊涂，但开启了我思想的一扇“窗”。

1949 年 4 月底的一个周末，中西女中的师生三四十人曾去上海交通大学参加了一次纪念在学生运动中遭杀害的三名交大学生的活动，会上气氛肃穆，尤其是唱起“五月的鲜花开遍了原野，鲜花掩盖着志士的鲜血，为了挽救垂危的民族，他们曾顽强的抗争不息”时，真的震撼了我，使我开始认识到人生与国家的联系。

1949 年 5 月下旬，上海大部地方解放，交战双方最后纠结在四川路桥附近，我寄住的姨妈家正是在四川中路，屋外枪声不断，屋内恐慌不止。声息平静后的清晨，家人开门望外，只见解放军战士一排排整齐地躺卧在街边上，房屋店铺由于未使用炮弹都无太大损伤，因此人们不得不敬佩解放军的爱民精神。接着学校复课，课外活动增多了一些，而我对新鲜的事不拒绝，是当作一种知识对待，所以常去参加。在周末及暑假中有青年讲座活动，我会从外滩步行到学校附近去参加，省去来回坐公交车的费用。这样一次次的积累，让我的那扇“窗”变成了“门”，眼界和思想都更加开阔了。8 月 1 日，为欢迎解放军和庆祝上海解放举行了夜间大游行，“中西”有一二百人参加，从学校举着旗帜标语步行至跑马厅（现人民广场），虽然熬夜，但群情激愤，口号声歌声不断，我作为其中一员自然也兴奋不已。

1952届陈添弥

9 月开学后，我参加了学校中的青年组织“火炬社”。10 月热烈庆祝新中国的成立，接着在热情高涨的 11 月成立了“中西”的新民主主义青年团，大部分火炬社社员申请入团，瞿明明任总书记。12 月经谢葆珍介绍我也成为一名新青团员，从此活动更多了，除听团课外，还有看电影、去外校活动、学新歌、游园、参加团日等，看的书也多了很多，我也变得活跃了起来。

1950 年的国庆一周年是件大事，全校师生都踊跃加入各种活动，当时我已是副班长，除积极动员同学参加游行之外，自己更为制作横幅、标语、旗帜忙碌起来，觉得这是自己的责任，高兴得很。在国庆前夜，与若干同学夜宿校中，次晨四点即起床做各种准备，六点就出发，可惜那天天公不作美，又是风又是雨，可大家热情不减、兴高采烈，当作是一次考验自己的机会。

不久朝鲜战争爆发，烽火烧到我国东北边境，10 月下旬国家派出中国人民志愿军入朝参战。国内民众当然不能容忍国土被侵犯，掀起了轰轰烈烈的抗美援朝、保家卫国热潮，许多青年纷纷报名参军。该时期有频繁的青年活动以及团小组“团日”等。11 月上旬团日时，张小如老师说：“新中国是许多优秀青年用鲜血换来的，敌人来侵犯，我

陈添弥等6名同学参军(1950.12)

们是绝不容许的”，接着看了苏联电影《以身许国》(苏联)；中旬开团小组会，大家谈到在抗美援朝中我们不能麻木；之后又连续看了几部电影《他们有祖国》(苏联)、《青年近卫军》(苏联)、《中国人民的胜利》、《卫国保家》，我都很感动，但还未与自己联系起来。直到12月初，在庆祝学校新青团成立一周年的会议上得知，班上的俞芷倩和张亦英不久将参加公安工作，我才真的开始思考自己的个人利益能否像她们一样去服从革命需要。紧接着在纪念“12·9”学生运动大会上，提到我们应以什么样的实际行动来纪念时，徐敏、傅家祥、徐耀玲、汪文缦等当场签名表示参军抗美援朝，她们的决心感染着我带动着我，但我还是有些舍不得心中设计好的“工程师梦”，以年龄不够给自己找了个借口。后来几天中有别的班级同学以为我已报名参军，来动员、鼓励我，我似乎有点想法却仍未下定决心。12月13日，思想斗争最为激烈，焦点问题是去做“工程师”还是可能的“战死”，但是想到首先得有国家的安全才能让工程师有用武之地，热爱生活亦得先有和平，而和平是需要去保卫的，且想到当年日本侵略者占领上海时所过的屈辱生活，想到了千万同胞舍弃一切去抗日救国，于是想明白了，在日记上写下：“死了我一个，能保卫千千万，值得！”带着悲壮下了决心，14日递交参军申请书。自愿报名的同学成立了保尔·柯察金战斗队，我们班二十多人中有六人参加，互相鼓励、互相帮助，在思想难免有点小反复时，队员刘慧彰、陆以津等给了我不少帮助，大家共同励志要为祖国献身。25日统一去做体格检查，有三分之一的同学因视力不合格没有通过，余下者还要等待，我们回去还是天天到校上学读书。

直到1951年1月4日早晨到校，得知中西女中报名参军者共被批准了六人，分别是

陈添弥与姐姐陈依弥(左)

老师们为陈添弥题写纪念册

高三的郑依柳，高二的刘慧彰、陆以津、陈添弥，高一的汪正阳、王兆芝，我是班里六人中唯一被录取的。马上集合后，同学们敲锣打鼓把我们抬到忆定盘路（现江苏路）十字路口，乘车去天蟾舞台参加全市欢送大会，度过了一天极其兴奋的日子。后面几天陆陆续续有各种类型欢送会、座谈会，很忙，高二年级三个班的班主任老师还送给我们每人一个笔记本，由钱青（钱子衿）老师题字，谢芳蓉、王徽兰两位老师签字，这个本子我珍藏至今。

1951 年 1 月 8 日，静安区入伍者在市西中学报到，自带行李住在教室里，很冷。次日转去一个小旅社；10 日发了军装，当晚九点登上火车，整节硬席车厢是一大群原不相识的青年学生，共同的追求，一见如故，不需言语交流，只用歌声言志，一起高唱《志愿军战歌》等歌曲。我是带着深厚感情去唱《青年团员之歌》的，歌词是："听吧，战斗的号角发出警报，穿好军装，拿起武器。青年团员们集合起来，踏上征途，万众一心，保卫国家。我们再见了亲爱的妈妈，请你吻别你的儿子吧！再见吧妈妈，别难过莫悲伤，祝福我们一路平安吧！再见吧亲爱的故乡，胜利的星会照耀着我们。再见吧妈妈，别难过莫悲伤，祝福我们一路平安吧！"这歌词与我当时的心情完全一致，有些不舍，更多的是豪迈，还有父亲的支持和母亲的明理，这些情感包围着我鼓舞着我，行进在北去的路程上，就此告别了上海，告别了培育我的中西女中。

中西让我热爱学习——兼向老师们致敬

1952届　陈添弥

因为生病，我的小学是从二年级开始的，之前只是由母亲教识一些字、计一些数，比同龄人晚一年去适应小学生活，要紧赶慢赶地跟上学习的步伐。小学时的情景印象不是很深了。据当时的同学回忆说大概因为听话，故得到老师喜欢。但当时日本鬼子已占领上海，没有一点安全感；而且父亲是铁路上的工程师，听闻日本人要他们修复被破坏的铁路，于 1938 年上半年的某一天连夜单人逃离上海，联系都不畅，一家人深感压力。我自己只盼着快快长大，快快学完小学，有一种赶着完成任务的感觉。小学毕业时日本侵略者已被赶出中国，同为知识分子的父母想让我们好好读读书，于是报考姨、姐辈曾就读且反映良好的中西女中，开始了我的新生活。当时虽然也是懵懵懂懂的，现在想起来却很庆幸能到中西读书。

首先是学校没有期中、期末的复习与考试，只有平时较频繁的小测验，学习知识是一点点积累的，强调的是每部分的学会、弄懂，也时不时会温习学过的内容，但不靠大复习、总复习。小测验是在不预先通知临时进行的，无需开夜车准备，测验结果当然是实际的掌握程度了，这样促使我们平时要努力，随时把问题搞清楚。我曾有过不及格，这是个提醒注意，下来好好学，也并不紧张。记忆中 (也问过同学们) 我们没有期末成绩总评报告单，更没有排名顺序，对学生的评估大约是靠负责老师与班主任平时的了解，期终得到的只是下学期注册的班级。学习很轻松、无压力，只要走好走稳每一步，跨越就不成问题，因此大家愿意学习、乐于学习。

其次是中西一些好老师的指引让我受益匪浅。第一位是教我们代数的毛丹林老师，她个子不高，说话柔声细气，很亲切。她教因式分解、解方程式等，告诉我们公式，但不是要求死记，而是让我们推导出来，这个过程很吸引我，课后自己会找一些题目，寻找“自己的公式”。初二的某个星期五放学前（当时我们每周就上五天课），毛先生通知我，后天去参加一个数学竞赛（记不清是市级的抑或是区级的），并给了我一个参赛证，那时不像现在的竞赛要备战很久，而是既无题海准备、老师指导，又无学校送往、家长陪同。星期日上午我自己一个人去育才中学，因路不熟，还迟到了十多分钟（是听监考老师说的），慌慌张张地答题，发现很多内容我们根本未学过，需要用逻辑思维去分析、推理，正是毛先生“授人以渔”的教学方式救了我。大约一个月后毛先生告诉我，说我与同年级的朱亚韫同学得到了并列第二名，当时也没有什么庆贺，只是内心受到激励，越发对数学有兴趣了。

第二位是头上常戴一朵白花纪念丈夫的教几何的张小如老师，她徒手在黑板上画圆是一绝！她常与学生“互动”，我在证明题加辅助线的问题上即曾与她讨论过多个方案，她给了我不少启发。正是这种平等讨论、循循善诱而不是生硬灌输的方式，使得几何成

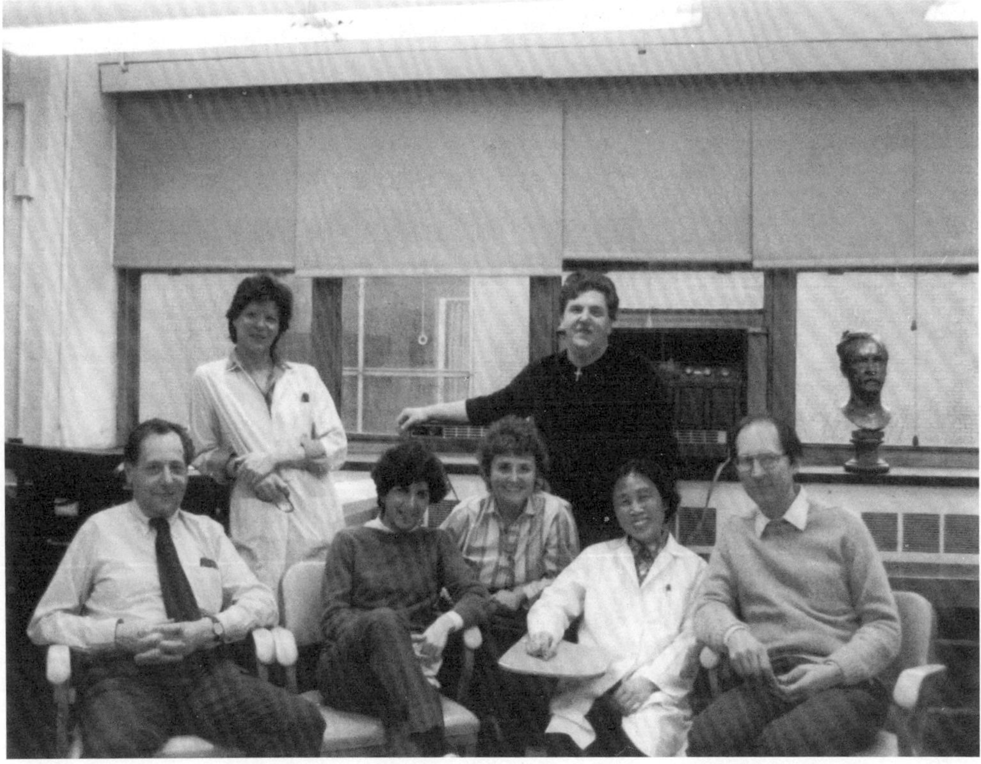

陈添弥(前右二)在美国纽约大学医学院作访问学者(1984.3)

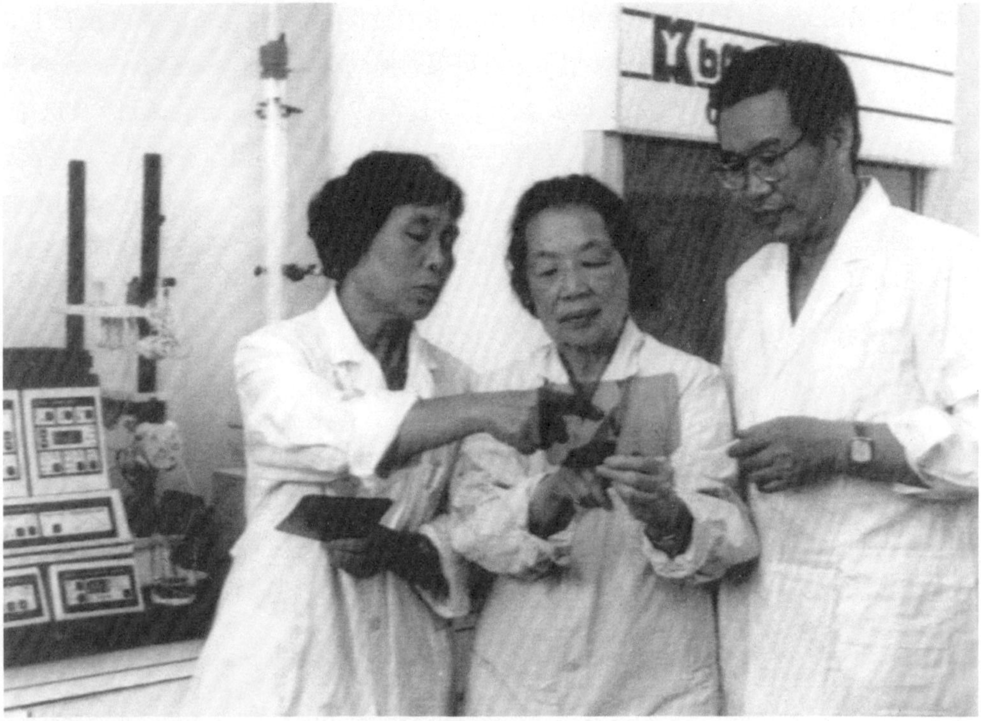

陈添弥在实验室与同事研究实验结果(1995.6)

为我的强项。2004 年 5 月我去上海时，还和司罗素、刘慧彰、陈维卿同学一起去看望过张先生，但她已是疾病缠身了，我只能默默在心中为她祈福。

入中西后我的拦路课程是英语，与中西附小升上来的同学相比，我的英语底子差一大截。最初用的课本是 *Heidi*，是描写一个小女孩成长的英文少年励志读物，教授课程的老师是 Miss Craig，上课时只说英语。她课前留的作业常是预习一段课文，这是我最头痛的，生字太多，查不过来就看不懂，常着急得哭。但上课倒很生动，很吸引我，Miss Craig 绘声绘色地解释内容，与书中女孩一起伤心地哭，又一起开怀大笑，我们受到感染，也不由自主地进入了书中的世界，因而大家开玩笑地给她起了个调侃式的英文外号“old sky true”，是汉语“老天真”的直译。有时她会带领我们依据书中情景分别扮演各种角色，包括人物、动物、布景等，自拟台词与动作，非常有趣，在快乐中不知不觉地掌握词汇、语法等，我的学习也逐渐地变得不再困难，课后还会主动去看后面的故事了。这些用英语交流、英语思考的方式，使我们有了“语感”，少了对“外”语的陌生，逐渐进入自由运用英语的境地，才使得我在后来的科研工作中，很方便地进行国际学术交流，能很快融入世界前沿行列中。

陈添弥在日内瓦参加国际会议(1997.10)

语文不是我很喜欢的课程，但我爱看小说、爱读故事，偶尔在作文中用一些作家们的“语言”，得到鼓励，就更爱看课外书。《鲁迅全集》20多本就是初二、初三时看的，其实只是读了有兴趣的小部分，但开始认识社会。初三上学期(1948年12月，上海尚未解放)袁炜彤老师让我们以“圣诞节”为内容，自拟题目作文。大概是受到鲁迅等人作品的影响，我拟了“我不喜欢过圣诞节”的题目写了一篇作文，文末一句“假如大多数人都能欢乐过节，我就愿意过圣诞节了”概括了主题思想，这显然与大多数欢度圣诞的文章不同，也与学校当时主调相违背，当然不能登在壁报上，但不成想得到袁先生给的高分，这对我“瞎想”的“毛病”倒给了支持，逐渐养成了动脑筋的习惯。后来得知袁先生思想上是倾向共产党的，而学校也是宽容的。

陈添弥在巴格达与生物组各国技术专家(1998.5)

化学、物理、生物的彭大泳、徐尚均、沈淑敏老师都很有朝气，与同学们相处得如同一家人，大家有时还去她们家玩。她们性格活泼，课程也教得生动，让我们在实验中“眼见为实”，知识学得扎实，也懂得了科学的严肃、严密与严谨。沈先生说过“与矿藏等相比，生物是可循环、用之不尽的资源”，一句话便在我的脑海中为生物学的重要性确定了位置。她在讲植物的根、茎、叶、花、果、籽各部分的功能时，提到同样是水果

陈添弥参加国际会议时在日内瓦联合国大厦前(1999.9)

的香蕉与枇杷，它们的籽却截然不同，能否将枇杷的籽变小或无，使我们吃起来更惬意呢？她做过许多试验，还真得到过小籽的枇杷，这是我对科学研究最早的认知，很是向往！我在毕业后与这几位老师有时还联系，大约是上世纪六十年代，我工作的军事医学科学院居然还请来了沈先生作学术报告，我很惊喜，但匆忙中未及叙谈。八十年代我去她在总参的家看望她，交谈中觉得她仍有浓浓的科学情，提起枇杷无籽的事，她因无机会再进行尝试，深感可惜。九十年代徐先生来京探亲，我和谢葆珍同学去北大她外甥马教授家看望她，师生情跃然其中。更令我难忘的是 2002 年学校 110 周年校庆，去上海参加活动的陆维德同学给我带回徐先生托她转交给我的珍贵礼物——我在初三时的物理测验卷，那是一张光学试卷，有示意图、有计算，有我幼稚的笔迹。当我见到这张保存了 54 年、纸已泛黄的卷子时，禁不住热泪盈眶，这凝结着老师多少殷殷的期望啊！我给徐先生打电话道谢，她反说这卷子画图精确、计算简练，值得保存，我的心情无法形容！徐先生热爱事业、热爱学生的面孔当即浮现在眼前。后来每逢节日我都打电话向徐先生问好，她虽年事已高，但乐观向上的精神令人敬佩，2012 年春节时，我们还约定 11 月校庆时我回沪看望她，不料她竟于 5 月仙逝，真是我的一大憾事！

还有很多很多老师是在潜移默化地培育着我们，受她们的影响，同学们考大学时报的志愿与之密切相关，如许嘉琳同学的地理系，李再婷同学的化学系……而且后来都有出色的成就。

我在高二上学期 (1950 年) 抗美援朝时参军了，在中西虽然只读了四年多一点，但对我一生的影响是巨大的！后来部队送我们到大学读书，同学中文化程度参差不齐，最高的是大学三年级，低的就是包括我在内的高二上，然而我的成绩却能名列前茅，屡次被评为校优等生、市三好学生等，这与中西的教育是分不开的。参加工作后我居然未忘兴趣，不久便买了一本《有趣的数学》，业余时间动脑做题玩乐。当然，工作责任感是第一位的，我从事的是医学基础研究，与大学学的偏重临床医疗不同，很多要重新学习，这也对我胃口，很有滋味。七十年代又从头学习先进的生物技术，包括其基础知识，虽艰苦，但运用亦畅通。学习中我习惯于问问题，工作中亦如此，解决了一个，又会有第二个，不断深入研究，尽力完善，和团队一起取得了一些成果，先后获得了十几个国家与部级的科研奖项。工作中出现新情况，我会积极学习，能边干边学，迅速掌握多方面技能，因而常被派去完成一些特殊的任务。先后担任过新建研究所工程的工艺总设计师，被派去做过国际谈判的中国代表团技术专家成员，受聘为联合国专家去核查伊拉克大规模杀伤性武器 (核、化、生、导)，等等，每一次都能出色完成任务，并获得各方赞誉。军队要面对各种突发情况和应急任务，需要一专多能的专家，我还被军事医学科学院聘为培养复合型人才的导师。此外，日常生活中也离不开多种知识：知道有关的历史、地理，会使旅游更具品味；知道蛋白质本性，会使食物烹调得更好吃……生活也就更丰富多彩了。爱学习、能学习，一直伴随着我，而这都是从中学起步的。我很怀念那段在中西度过的时光，很怀念那些可敬的老师们，谨以此短文作为纪念。

教育是我终身的事业

1952届　傅家祥

我这一生都从事教育工作，我教育工作的起点在中西女中，中西女中也是我的母校。

1941年我进入中西小学，那时正是抗日战争时期，内心充满着忧虑和恐惧，童年并不幸福。在上学路上要经过日本宪兵司令部，要鞠躬行礼，不然会有被狼狗咬的危险。在寒冬上学的路上，经常可以看到婴儿的尸体，被狗咬得支离破碎。父亲在银行工作，时刻担心不知哪天会失业。而我的邻居是资本家，他有9个老婆还有一大帮孩子，同住的是四姨太。节假日的生活便是请客吃饭，请一帮人来，在大厅里，摆上好几桌，烤着乳猪。这些经历给我留下了不可磨灭的印象，用一句话来形容，就是“朱门酒肉臭，路有冻死骨”。我从小就目睹了社会的不平等，日本侵略者的飞扬跋扈，在我的心中种下了“要为中国的强大，不被欺负去奋斗”的种子。

1941年12月太平洋战争爆发，不久日本侵略者要将我的母校中西女中和中西一小占领，作为日本陆军第二医院。我们便没有了安定的读书环境。抗战胜利后我们才回到母校的校园，1946年9月我们进了中西女中。初二那年我认识了同学的姐姐，一位中共地下党员，她告诉我解放区人人平等，人人都有工作。我那时就想着什么时候解放军能来，把腐朽的旧政权推翻，把盘踞在租界的帝国主义赶走，让老百姓能过上安定的生活，我深知个人的命运是和祖国的命运息息相关。我加入了地下党的外围组织，接受党的教育，一心要走革命者的道路。在中西女中学生地下党员瞿明明同学的带领下，我们参加了迎接上海解放的工作。我们散发传单，将党的城市政策送进市民的邮箱；我们还一起住在张启莹同学家里做小红花，剪五角星，写迎接解放军的宣传标语。

上海解放了，正值我们初中毕业。1949年9月我们升入了高中。1949年12月9日中西女中成立了新民主主义青年团，我加入了团组织，成了一名团干部。终于可以光明

傅家祥与市三女中的学生

正大地为党、为共产主义事业服务了。我的心中充满了阳光。当时正是第一个“五年计划”实行之际，国家需要大量的建设人才，动员高三毕业生考大学，当时像中西这样的学校录取率是 100% 的。在中西受地理老师讲课的影响，我对地质学产生了浓厚兴趣，憧憬着有朝一日，可以走遍祖国广阔的国土，为国家寻找地下矿藏。正当复习迎考，准备报考地质专业时，接到团区委通知，要求我和另外三名同学（中西女中与圣玛利亚女中的学生会主席和团总支书记、团支部委员共 4 人）留校，其中两名负责两所女校合并后的市三女中团的工作。就这样我服从组织决定，留在母校，直接结束了学生身份，开始工作。虽然组织上曾经承诺以后保送我们进入中国人民大学学习，但是由于工作需要，我们始终未能得到这个机会。我于 1950 年入党，从 1952 年 7 月至 1960 年，我一直担任着市三的团委书记兼政治教师。1960 年以后调到区少年宫、团区委和区教育局工作。

年轻时，我读了《钢铁是怎样炼成的》这本书，保尔·柯察金的一段话对我影响特别大，那就是“人最宝贵的就是生命，生命对每个人而言只有一次，人一生应当这样度过：

1952年司罗素(左二) 傅家祥(左三)留校工作

当他回首往事的时候，他不会因为虚度年华而悔恨，也不会因为碌碌无为而羞愧；临终之际，他能够说：‘我的整个生命和全部精力，都献给了世界上最壮丽的事业——为人类的解放而奋斗。’”这段话始终是我人生的座右铭。

做教育工作最感高兴的是看到学生的成长，她们所取得的成就。回想起在做团委工作时，在高中学生中成立了第一个共产主义小组，那是50多年前的一个暴风雨之夜，在学校“五一”楼的团委办公室内，我和十几名学生坐在一起开会。当时我说：“我们市三女中共产主义小组，是在暴风雨中诞生的，注定了我们以后的路不会平坦。”没想到50年后回首往事，我们的同学走上社会以后，其人生道路真的充满了崎岖，但是她们都经受住了考验。她们也常常会和我一起回忆这些往事，所以做老师，是很有意义的。好多学生都记得我，我也记得她们。她们的进步，对我也是一种鼓励，看到当年的学生们都成为祖国建设的栋梁之才，看到她们的成就，我也非常高兴。1959届有三个给我影响极深的学生，她们是团委副书记毛杏云、学生会主席徐文洁和团委军体委员黄海芹。特别是

傅家祥老师在市三女中做报告

1991年方佩芬、高摄渊、傅家祥看望薛正校长

黄海芹。我们不仅是师生，也是朋友。她将她写的剧本拍成的获奖作品，获得的奖项，都会做成光盘送给我。我为她取得的成就感到骄傲。

1988 年离休以后，我还是做教育工作，我在长宁区“关心下一代协会”继续为关心下一代做工作。20 年来，我们组织老同志成立影视宣传组，成立“青年马克思主义读书会”，报告团，帮教组等。关心下一代的习惯已经融入了我们的生命中。和年轻人打交道，让我永葆青春。“长宁区关协”多次被评为全国先进；我也在 1992 年被评为上海市老干部老有所为先进个人；1998 年被评为上海市教育系统“关心下一代工作”的先进工作者。2005 年评为上海市“关心下一代工作”先进个人。在职的时候我没能去人民大会堂，退下来以后却能代表我们“关心下一代协会”去大会堂领奖，在天安门上看到五星红旗飘扬在广场上空，觉得这么多年，我们国家坎坎坷坷实在不容易，自己呢，也做出了一些贡献。

在市三女中工作，有机会和薛正校长共事，使我从她身上看到了很多不一般的地方。

1952 年我高中毕业，留校担任政治辅导员、团委书记、党支部委员，与薛校长在一起工作七八年。在这期间，我们共同经历了不少政治运动，以及学校领导班子改组等。薛校长给我们印象是服从党的领导，听从党组织的安排。在她分管的部门里认认真真、默默无闻地工作。在大跃进的非常年代里，“大炼钢铁”“全民养猪”，有人提出要将五四大楼前的大草坪挖掉种菜，薛校长坚决反对。有人讲她只关心草地，不关心人。薛校长严肃地讲：我正是从关心学生出发，不让草坪毁掉，如草坪没有了，灰沙多了，影响学生的学习生活环境，更影响学生的健康。在当时极“左”路线盛行时，薛校长能这样做非常难能可贵。每当我回到母校，看到这绿茵茵的大草坪，我就想起薛校长对学生的关心爱护，对美丽校园的建设，她是竭尽了全力。

粉碎“四人帮”以后，我调到区教育局工作，与薛校长接触中，有两件事给我印象特别深刻，也使我更了解了薛校长的一颗赤诚之心。

一是她在“文革”中的表现。“文革”初期，北京红卫兵冲进了学校与校内红卫兵一起揪斗薛校长，使薛校长受到了非人的摧残、折磨，人格受到了极大侮辱。但是她说每当早上学校升旗奏国歌时，她就会想到解放初期，冲破了重重阻力，毅然回到祖国，当船进入国境时，看到升起的国旗，心情多么激动。就在这样一场灾难、浩劫中，薛校长挺过来了，而且表现得很坚强，真可谓“烈火见真金”。

1979年薛校长应海外校友邀请，到美国访问，这时有人讲，薛校长在“文革”中受到这么大迫害，大概此去不会回来了。结果她准时返回祖国。记得在一个大雪天，我们到机场去欢迎她，她这次去，主要是为学校拿回解放前中西女中在美国教会里的存款。我曾问她在美国朋友中有没有讲起“文革”事，她说不好讲，影响不好，而且她还劝说在国外的中国老师（曾在中西女中担任教导主任，在美国已是某大学的终身教授）回来到华师大工作。可见薛校长对祖国的忠诚，对教育事业的一片忠心。

二是薛校长84岁高龄时参加了中国共产党。当时我在长宁区教育局任党委副书记，1984年的一天，区委副书记诸泳芬同志和我一起去了薛校长家，进行了一次入党前的谈话。当时党组织认为，薛校长经过几十年的考验，基本上具备了入党条件，但有两个问题还要具体了解一下。第一个问题：她曾经是基督教徒，有神论者，现在要入党了，是无神论者，思想怎么转变过来的？她讲：“解放前，我为什么加入基督教，因为基督教是救人的。但解放前几十年基督教并没有能救中国，救中国人，而是解放后共产党救了中国，救了中国人，所以我要加入中国共产党。”第二个问题：在“文革”中她受到这么严重的迫害，对党的信念没有动摇，还要加入共产党，怎么想的？她讲得特别好，也非常深刻。她说：“好比我以前到一家人家去作客，受到主人的热情款待，后来突然有一天我去时对我很凶，还把我赶了出来，我就想这人家一定是出了坏人，不能代表主人的意愿。”她就用这通俗的例子将“四人帮”反革命集团与共产党严格区别开来了。

我从薛校长身上看到了她对祖国、对党、对教育事业一片忠诚，她是我国千千万万优秀知识分子的代表，我从她身上学到了一个教育工作者应该具备的情操，理想、目标和献身精神。我将永远纪念她，学习她，以她为榜样，将教育作为我终生的事业。

为祖国石油工业做贡献

1952届　李再婷

我在祖国石油催化裂化科研领域辛勤耕耘了五十年，参与了我国第一套催化裂化装置的开工，参加了我国自己开发的催化裂解工艺及催化剂的研制。已获多国专利、中国专利金奖，并在化学方面首次获我国国家发明一等奖“以石油重质组分催化裂解制取低碳烯烃工艺及催化剂技术”(DCC技术)的第一发明人。1997年，我获得了第六届王丹萍科学桂冠。2002年，被评为全国10名“新世纪巾帼发明家”之一。能取得这些成绩，我感谢母校，是母校为我打下了知识和品格的基础，使我能为国家的石油工业做出一点贡献。

我的中学阶段是在中西女中度过的。想起母校，我的心中充满了甜蜜。我们那时从不死读书，也没有太大的学习压力。别的许多学校都会在周六的时候加上半天课，唯有我们学校没有，并且还给予学生充分的课外休息、娱乐的权利。中西女中作为当时的教会学校，聘请了为数不少的外籍教师给学生授课，就连当时的音乐课都是由一位美丽的女外教担任的。还有家政课、烹饪课，学做蛋糕。

中西女中的英语和数学是非常有名的，当时我们的英文学得一点也不吃力，语法根本没怎么学就会了。许多学生都可以在高考英语中获得满分了！我们的英语老师每个学期都会领着我们精读一本外文名著，比如说像简·奥斯汀的《傲慢与偏见》、莎士比亚作品、狄更斯的《大卫·科坡菲尔》等。如此长年累月下来，不论在词汇量还是在语法方面都有着潜移默化的巨大影响。多年之后，我依然对母校的英语教育感触颇深。有了如此深厚的英语基础，特别是在听力和口语方面的基础，在以后的工作中和外国专家学者进行交流和学习，不论作报告、开国际会议还是到国外交流，我从不会因为语言障碍而烦恼。像世界石油大会啊、世界化工大会啊之类的国际会议，我和一些中西校友根本就不用担心自己的语言问题，只要稍微回顾些单词就可以了。

除了英语，中西女中的数学教育也十分出色，我在母校奠定了坚实的数学基础。没有题海战术，数学老师不仅培养了学生对数学的兴趣，还在教学中提升了我们的数学思维能力。没有母校的数学基础，我也不可能在之后那么快有DCC的成果，正是因为在母校培养了对数学的兴趣，才能在DCC的研发过程中知难而上，克服遇到的许多数学难题。DCC为我国独立开发一项国际首创的新技术，具有十分显著的经济和社会效益。我既为构思人，又是该项目攻关矩阵题目负责人，并为第一套工业装置开工的专利技术负责人。DCC技术被国际同行专家誉为“在炼油和化工之间架起了桥梁”，该技术已获中、美、欧、日专利，并获中国专利金奖。2000年和2003年世界石油大会还特邀我去作报告。

说起我从事石油工业的动因，还要归因于母校给予我们的爱国主义教育。1952年新中国成立不久，我们都满腔热情地一心想参加祖国建设，我选择石油专业是因为那时中国的石油工业还是一片空白，我就是想要为国家在这片一穷二白的领域里贡献力量。当年我们参加全国高考的统一考试，我如愿以偿地考进清华大学化工系，后来全国高等学校院系调整，进了北京石油学院。刚筹建的石油学院环境不很好，校舍、宿舍简陋不堪，院落更是在雨后变得十分泥泞。但是这些都不能影响我实现理想的决心。我们在C、H组成的化学海洋中徜徉并汲取着知识。1956年大学毕业后，我走进石油化工科学研究院。那时中国的炼油技术就像一张白纸，等着人们发挥想象力和创造力在其上勾勒出美好的蓝图。在炼油企业有“催化裂化鼓风机一响，黄金万两”之说。催化裂化是炼油企业的骄子，是效益最好的装置。催化裂化技术重要而复杂，备受各国重视。其中流化催化裂化从上世纪50年代至今始终是世界炼油工业最重要的骨干工艺，以生产高品质的汽油为主要目的。我被分配在石油化工科学研究院第二研究室工作，与催化裂化结下了不解之缘。

上世纪60年代初，我国为了打破外国对我们的封锁，甩掉“贫油国”的帽子，开始了史无前例的石油大会战。伴随着大庆油田的开发，炼油技术的研究也进入了白热化。经过科技工作者和石化职工的艰苦奋斗，被誉为我国炼油工业“五朵金花”之一的第一套催化裂化装置在抚顺石油二厂建成。但开工时碰到了一个难题：没有平衡催化剂。我参加了这一开创性工作，根据所学的理论知识，经过深思熟虑，提出了解决办法。经过小试和中试，证明这个办法可行。于是，这一世界尚无先例的方法成功用到我国第一套催化裂化装置开工上，解决了一大难题。

要加快我国石油工业发展，就要学习世界一切先进的技术，为我所用。上世纪80年代，我国决定引进5套重油催化裂化装置，不少外国厂商参加竞标。美国有家著名公司为了做成这笔买卖，在报轻油产率时，迎合我们希望产率越高越好的心理，产率指标报得很高。我当时任石油化工科学研究院第二研究室主任，参加了谈判，提出了氢平衡的理论，并进行了计算，认为外方报的数据有问题。美国专家一口咬定能达到，双方展开了激烈争论。尽管我们是少数派。连我方的有些代表都反对我的意见，甚至限制我继续发言，但我认为科学是老老实实的东西，来不得半点虚假，在科学上的退却，既是对科学的亵渎，又是对国家和人民的不负责任。在中国石化总公司和研究院有关领导支持下，我写了一份有理有据有分析的文件，在与外方口头交锋之后又拿出了实验数据。后来，美国专家承认自己错了，该美国公司的总裁称赞中国科技人员了不起。此后这家公司同石油化工科学研究院建立了良好的合作关系，主动向国外代理推介我们院的催化裂解专利技术。

李再婷在人民大会堂接受国家领导人接见

科学是没有国界的，因为她是属于全人类的财富，是照亮世界的火把，但科学家是属于祖国的。我和同事们从 1987 年开始，探索催化裂解技术，仅用 3 年时间就工业应用成功，开创了一条用重油原料经催化方法制取烯烃的新技术路线。用此技术在国内已建成 9 套装置。该技术走出国门，出口泰国、沙特和印度，为我国炼油工业树立起一座丰碑，DCC 技术在欧洲申请的专利也已获得批准。但荷兰一家公司却以“创造性不够”为由提出上诉。若他们能胜诉，这意味我们的经济利益将蒙受很大损失。我作为第一发明人，义不容辞投入捍卫正义、尊严和国格的斗争。我认真总结 DCC 专利技术的创新性和实验应用效果，努力学习有关法律程序和知识，处处争取主动，利用深厚的英语功底，同对手展开了唇枪舌剑的辩争。在聘请的美国律师、德国律师帮助下，第一轮官司我方胜诉。对方不甘心，又提出新的上诉。我知道“在科学上面是没有平坦的大路可走的”，不怕“崎岖”，用国际诉讼的经验，捍卫着自己的成果，最终取胜。

在回顾这一切的时候，我深深感到，是母校赋予我的知识、能力，自强自立、坚韧不屈的意志力，使我能取得今天的成绩。敬爱的母校，永远怀念您！

特殊届别对母校的特别感恩

1952届　司罗素　傅家祥　萧嘉珣

我们1952届是一特殊的届别，在中西女中读完高三，但没有拿到中西女中的毕业文凭，算上海市第三女子中学第一届毕业生，却在市三女中没有读过一天书。因为上海市人民政府于1952年7月5日接管中西女中和圣玛利亚女中，合并成立上海市第三女子中学，当天下午我们举行毕业典礼。这也就是为什么以后每年市三女中毕业典礼上薛正校长总要说明，市三的毕业届别要比学校成立年份多一年。

历经几代人的共同努力，走过百余年的曲折发展，今日的市三女中已成为一所国内外享有一定声誉，办学水平较高，特色鲜明的女子中学，被称为女子成才的摇篮。我们有幸在中西女中受到了良好的教育和熏陶，至今已毕业63年。虽然我们都已进入80高龄阶段，然而中学生活始终是我们一生中最难忘最幸福的年代，给我们留下了不可磨灭的美好回忆。课堂上聆听老师们的精彩授课；健身房里打球，投篮、走平衡木；大礼堂里观看高三学姐排练的中外名剧，还有自编自演的活报剧。漫步在美丽的大草坪上，欣赏大自然的美景，呼吸清新的空气，三五成群促膝谈心，紫藤花架下边走边看，寻找池水中的游鱼；上课铃声一响，大家迅速鱼贯走进教室。上下楼梯养成靠右走的习惯，在走廊里也是如此。是母校为我们在德、智、体、美诸方面奠定了一生坚实的基础，使我们终身受益。难怪有人说，中西女中的学生，走在外面，一眼就能看出来，其气质和一般人不一样。

我们这届学生，入学初时是120多人。由于学校的教学要求高，70分是及格线，因而有一部分学生在中途转学去其他学校，还有一些未等毕业即参军参干先后离校。所以到毕业时仅有77名学生。

1949年我们正值初三，在迎接上海解放，新中国诞生的炮声中，我们中的一部分同

2002年52届毕业50周年返校

学参加了新民主主义青年社。上海解放后，中西女中成立了“火炬社”；1949 年 12 月 9 日中西女中在全市教会学校中第一个建立了新民主主义青年团总支，我们 52 届的不少同学都参加了青年团。

我们积极响应党的号召，报名参军参干。不久我们班就有朱英 (瞿英英)、周佩、李斌 (李扬巽)、曹雯雯四人，于 1949 年参加青年文工团；王翼 (王妙琪) 于 1949 年北上；陆以津、陆岑湄、刘慧彰、包蕴奇于 1950 ~ 1951 年期间参加军事干校；俞芷倩、张亦英于 1950 年参加上海市公安局工作；陈添弥于 1951 年参加抗美援朝志愿军。高三毕业时司罗素、傅家祥服从国家需要，留校担任政治辅导员。其他 75 名同学均报考大学，大家以国家建设需要为自己的志向，绝大部分被录取于第一志愿，不少同学进了名牌大学，其中清华大学 5 名、上海交大 8 名、复旦大学 4 名、同济大学 4 名，进入医学院的特别多，上海一医 17 名、二医 6 名。学理工和医科的共占 93%，学外语的 3 名。虽然专修外语的较少，然而由于学校重视外语，还聘有外籍教师，几乎每个同学都因在校时打好了外语基础，在以后的工作中发挥了外语优势。

我们的同学，在大学毕业后，被分配到祖国各地，分布在科技、医卫、教育、体育、军事等各行各业。在工作中，大家都表现为认真踏实，责任心强，对业务精益求精，对事业追求卓越，成了各行各业的中坚力量，国家的栋梁之才。根据不完全统计，有应诗敏等6人获得国务院政府特殊津贴。有陆维德等3人为研究员；有徐菱等11人评为教授；有萧嘉珣等24人被评为副教授；有张荫生等8人评为高级工程师；还有如陆美子等不少同学在改革开放后，被派往美、英、日、德、瑞士、荷兰等多国为访问学者，进行学术交流。

陈添弥参军后，由军队派往中国医科大学医疗系学习，毕业后分配到军事医学科学院，从事医学微生物学、流行病学、军事医学等方面科研工作，负责过多项国家重点科技项目，曾派往美国作为访问学者，曾为联合国特别委员会工作得到赞誉。多次得到嘉奖，被评为研究员，晋升为文职中将。

李再婷，清华大学化学工程专业毕业，长期从事石油化工科学研究，多次获国家发明一等奖，中国专利金奖等，受到国家最高领导人授奖。

陆维德，清华大学热能工程系毕业后，在中科院从事热学研究，曾在中国科技大学任教，并主持太阳能热利用研究，历任室主任，太阳能所副所长、学术委员会主任。曾在国内外发表学术论文40余篇。研究员职称，曾被评为全国三八红旗手，全国人大代表，参加联合国第四次妇女代表大会等。

52届毕业50周年聚会(2002.11.10)

52届毕业60周年合影

萧嘉珣，毕业于上海交大，长期从事体育工作，任垒球教练。1958 年大跃进下放宝山县农村时，被抽调担任郊区女垒队教练(兼运动员)，参加上海市第一届运动会战胜市区所有队获得女垒冠军；担任上海医大垒球队教练，该队连获五届全国大学生垒球比赛冠军；在全国及国际性女垒比赛中担任记录长的工作等。

徐菱，上海一医毕业，在上海中医大学附属曙光医院皮肤科从事临床教学和科研，曾以中药治疗肠胃型麻疹和皮肤外科手术，先后数次赴日本东京交流皮肤病治疗研究。退休后继续在医院发挥作用，八十高龄仍每周为病人看一次门诊。

汪文缦，同济大学建筑系毕业，从事高级民用建筑中央空调设计，重点为宾馆、剧场。曾为兰心大戏院的改造和音乐厅建筑保护和平移工作做贡献。

江天箴，上海交大蒸汽机车专业毕业，后留学捷克攻读车辆专业研究生 2 年。曾设计试制了我国第一辆空调客车的空气调节装置。编制了中等专业学校教学用的教材《车辆空调和制冷装置》。

赖慰萱，上海第一医学院医疗系毕业，曾在上汽集团任保健医师、副主任医师，历任本系统各届医士升医师考察出题、评定领导工作。曾主编工矿企业医师使用手册，曾评为市三八红旗手、市劳动模范。

还有很多校友在退休后、离休后利用自己的专长和才能，继续发挥余热，做出了喜人的成绩，如许嘉琳和王剑秋，一个在北师大环境科学研究所任教授，一个在石油大学为炼制系教授，两所不同的大学，就因为是中学时的同窗而联结在一起，两校教授合作，到茂名进行了“茂名油页岩灰农业性状及植物栽培试验研究”，获部奖及工厂特等奖。

刘爱华医学院毕业后，分配至杭州肿瘤医院，为享受国务院特殊津贴的专家教授。

退休后，医院遇上疑难病症，还请她看专家门诊，或作为手术指导等。

更为难能可贵的是，一些同学怀抱满腔热血，一心报效祖国，却在人生旅途中由于极“左”路线而受到种种挫折、折磨。但她们的爱国之心，对信念的忠贞始终如一，表现出坚贞不屈、自强不息的精神，令人敬佩，如俞芷蒨同学等。

我们52届同学虽然离开母校半个多世纪，然而中西女中的情结将我们凝聚在一起，同学间经常保持联系。同学会的成立，更加强了相互间的了解和友谊。有同学说，我们像是亲姐妹，同学之间有什么困难、病痛，相互关心帮助，每逢校庆，校友返校，我们都热情参加。如母校百年校庆，正逢我届毕业四十周年，我届全体同学穿着紫色(级色)套装，登上大礼堂，在台上合唱校歌，给校庆活动带来了欢快。2012年，我们都已进入耄耋之年，但我们人老心不老，怀着对母校学校生活的留恋，专门定制了紫色的羊绒披肩，亮相在美丽的大草坪上。

我们在世的校友，深切缅怀已故的张必定等14名校友。

我们要向母校表达感激之情，感谢母校对我们的栽培，老师们辛勤的教育，前辈校友对我们的影响。我们作为中西女中的毕业生感到非常荣幸和自豪。

(2015年4月)

感受、感恩

1952届　司罗素

抗日战争期间，中西女中校舍曾被日军占领作为陆军第二医院。抗战胜利日军撤走，学校由海格路(现华山路)迁回，当时学校满目疮痍，我们进校之初，正是百废待兴之时。记得学校给每个学生发了一本捐款簿，请长辈们赞助，资金用来修缮校舍。这一措施，无形中让我们受到一次爱校、爱护学校公物和学校一草一木的教育。

学校管理非常有序，生活很有规律，我家虽然离校不远，但住校同学较多，由于我喜欢集体生活，所以大部分时间住校。每晚九时熄灯，吴景昭老师届时必会查看哪间房还有灯光，"笃、笃、笃"三下，就会马上熄灯，故同学们送给吴老师雅号"猫头鹰"。每个寝室有三四个同学(同班生)同住，每人一张单人床，床单必须是白色的，每天都要把床单铺得平平整整，一丝不苟。我和丁奉训(考取清华大学建筑系)、陆以津(参加军事干校)三人同一寝室，每天打扫房间，保持整洁。老师告诉我们，地板是"宁波漆"，要小心保护。因而我们每次离开房间，除了铺好床，保持整洁，还把地板擦得亮亮的。

中西对我们的教育可以用"润物细无声"来形容。除有住宿规矩外，走路也有规矩，同学们上下楼梯都养成了靠右走的习惯，这样不会发生碰撞，在走廊里也必须这样；进老师办公室一定要先敲门，得到同意才可进去。中西让我们在德、智、体、美各方面都得到熏陶和培育，学校要求我们遵循中西的座右铭"积中发外""*Live, Love, Grow*"，在不同场合遵循各种礼仪，要有大爱精神。培养学生有独立精神，对世事的公正、勇敢、有爱心，为了理想，敢于担当。同时中西学生又是"进得了厅堂，下得了厨房"的能干新女性。

学校设立了各类艺术选修课，音乐(以钢琴为主)、声情课(Expression)、舞蹈课、家政课等。学校经常进行田径和各种球类比赛，篮球队、垒球队、田径队、体操队，各种体

左起张瑞云 司罗素 傅家祥 董蔚玲等4名留校的同学到中山公园自己做自己的思想工作

育比赛常在班级、年级之间，直至参加上海市级比赛。使同学通过锻炼身体、增强体质。卫生室还组织学习救护，包扎等以及教女性生理、心理等必要的知识和技能。

每年春季要召开全校运动会。1949年春，一次我们班级在健身房排练叠罗汉，因我人矮小，还算灵活，老师将我排在最高点，一不小心，好像是旁边一个同学一松手，我即从最高处摔下，昏迷过去。经医院医生检查，锁骨骨折，头部也有影响，我住进了医院。出院后，当时的教务主任陈观裕老师带着一束美丽的鲜花，代表学校来我家慰问，使我这个"小学生"甚为感动。虽然肉体上受到折磨，但精神上给了极大的安慰和鼓励。由于住院治疗，休养掉课，后来老师帮我补课、补考，使我顺利升入高中。

学校培养学生自己管理自己，发掘学生的才能，这也是母校的教育特色。在学校生活的每个环节，除了教课由教师担当，很多事情都发挥学生的作用。初进学校，即由高年级姊姊班带领妹妹班（高二带初一）熟悉学校环境、规章制度，有的姊妹的联系一直保持到晚年。每天早、午、晚餐，大家都围坐在八仙桌指定的座位，届时学生自治会主席便会按一下铃，听到铃声，大家起立唱谢饭歌，歌毕动筷吃饭。晚上夜自修，也由学生自治会负责管理，点名不喧哗，遵守纪律，不迟到早退。学生自治会约每月公布一次被评选的模范卧室，我们的寝室多次评为"模范卧室"，由室长陆以津领奖旗挂在寝室里，感到无比荣耀，故此打扫寝室更加认真负责。

每年毕业班都有告别演出，有中外名剧，如郭沫若的《孔雀胆》、曹禺的《雷雨》，如《威尼斯商人》《傲慢与偏见》（曾是我们的课本），这些演出都曾轰动上海社会。更值得一提的是，自编自导自演的活报剧，如1951届《郑依柳的转变》，1952届《俞芷倩的转变》，演出时整个大礼堂鸦雀无声，同学们完全沉浸在剧情中，为剧中人，也是自己

在同学会成立大会上司罗素发言

薛正校长与同学会会长谭茀芸(左二)副会长司罗素(左一) 邹孟云校友(右一)

司罗素接待1946届邓稚凤

同学真实的思想变化而感动，活报剧触及了同学们当时的实际思想，教育意义特别大。

抗日战争胜利后，中西女中学生开始关心校内外形势，校园内的进步力量不断扩大成长。张小如老师(1938年参加中国共产党，曾任市三女中第一任党支部书记)在薛校长的支持下，为校外失学儿童开办义务小学，学生当“小老师”，我是其中一名“小老师”，让我们这些平时两点一线，学校——家庭的小女孩，开始看到社会不平等现象，启发了社会责任感。

同学会副会长司罗素(右)乌美媚(左)接待来自日本的1938届校友谈掌珠

1946年年底发生北京大学"沈崇事件",学生自治会主席胡燊伊在大礼堂召开控诉声讨大会。各班同学纷纷签名抗议。1949年"四一"惨案消息传来，中西学生自治会立即召开全校性的声讨会，出刊物、募捐、将慰问品和捐款由上海交通大学转交南京。

解放初期，中西女中校内发生了惊人变化。1949年12月9日成立了青年团，建立了团总支，我为委员之一，并兼班级团支部书记。它的成立在上海市学校中，尤其是教会学校起了先锋作用(当时是圣约翰大学地下党傅嘉范同志帮助母校建立青年团的，他是我们当然的入团介绍人)。自此我开始担任社会工作，参加学生自治会服务部工作，为同学解决一些急需用的文具等，为同学领取遗失的物品。后来学生自治会改为学生会，1951年在学生会换届时，52届校友助我竞选当上了学生会主席，并担任了上海市学联执委。我曾和薛校长、陈家志老师一起参加华东地区接受外资津贴学校的会议。我从爱校、爱国，到对集体，对社会负责，要爱全人类。上海在文化广场召开慰问赴朝志愿军大会，我代表上海学生在大会上发言，表示慰问和感谢。

当时由于形势需要，不少同学响应党和政府号召，积极参加西南服务团、青年文工团、公安战线、参加军事干校。我报名参加军事干校，检查身体，但最后未被批准，但坚定了我要为革命贡献力量的思想。

1952年即将毕业时，同学们都在考虑报什么学校，选什么专业，我选择了清华大学水利工程系，为什么？原因是我看了苏联电影《生活的光芒》，主题是一个山区村庄，因为无电，晚上一片黑暗，等到水力发电成功，顿时黑暗变为一片光明，万家欢乐，这一景象深深打动了我。谁知道，当我正在准备复习迎接高考时，接到团区委通知，要我们晚上去开会。会上宣布参加会议的同志，不要升大学，留校当政治辅导员，真是晴天霹雳，毫无思想准备，一下子打破了去首都北京上大学的梦想。中西女中傅家祥和我2人，圣玛利亚也是2人。组织的决定，无条件服从，但思想上想不通，谁来做思想工作，4个人约好第二天到中山公园,"自己做自己的思想工作",就这样我就开始成为教育战线的一员。

中西女中有一支热爱学生、精通业务、教风严谨，团结协作的教师队伍。敬爱的薛校长爱国、爱校、爱老师、爱学生，全身心为女子教育事业奋斗终生，多次提到要发现、培养女子人才。人民政府授予她名誉校长称号，1985年薛校长以84岁高龄加入了中国共产党。

1984年薛校长提起中西女中校友遍及海内外，在美国、香港、台湾等地都有校友会，我们应建立上海校友会。在她的创意下，得到了市委统战部张承宗部长的关怀，区领导的支持，于1984年成立了"中西、圣玛利亚、市三女中同学会",在筹备同学会成立时，薛校长语重心长地对我说，你一定要帮我筹办。薛校长了解我对母校的感情，进中西女中，一贯住读，当教师后住教，两个妹妹，一个女儿都是市三学生，而我先生在市三开始教书，一直到在市三退休。市三是中西的延续，我在市三除上课外，曾担任党支部委员，教工团支部书记，工会副主席，曾担任薛校长私人秘书。种种因素，薛校长的嘱咐，我应该毫不含糊去完成。我们一批参加筹备工作的校友，个个都怀着对母校的热爱，都是不折不扣的热心人，志愿者。每年 11 月校友们从四面八方汇聚到母校，同窗好友久别重逢，无限喜悦，一见面就有说不完的话。1939 届校友，已毕业将近 70 年，聚会时称，同学会刚成立时，只有两三个同学回母校，现在每年聚会三四次，已有 17 人。半个世纪前的同学能经常相聚，多么不容易，大家感到老同学相聚是老年生活中一件愉快、重要，有意义的事。有校友说想不到退休后还有那么多真诚、那么多乐趣，我们这些饱经风霜，起伏不平的心，总算找到了一个平静的港湾，共享快乐人生。除了聚会，相互探病、援助、资助，举不胜举。有的校友以亲身经历对在校生进行爱国主义传统教育。同学会加强了国内外校友之间的联系，为增进祖国统一，提高国际地位做出了贡献。上海同学会接待海内外校友，有校友为母校修缮了陈旧的健身房，有的为实验室添置设备，赠送电脑，钢琴和图书。为了缅怀薛校长，建了薛校长塑像，校长为广大校友营造了相聚的大环境，她一定会含笑九泉之下。

万流归宗，万物长生，寻找古今至真至善至美，才能倍感同窗师生友情的珍贵。我在中西、市三亲身经历了自治会、学生会、同学会的过程，历历在目，记忆犹新。愿母校欣欣向荣，女子人才辈出。

（2015 年 5 月）

中西女中的体育

1952届　萧嘉珣

我是一个体育教育工作者，终身从事体育教育事业。是中西女中全面发展的教育，引导我走上了这条道路。

自薛正校长聘请刘祖信老师来校担任体育老师后，我校体育教学生动活泼，校篮、排球队水平达到高峰，两项均获全市中学生联赛冠军。那战绩辉煌的一场比赛在陕西南路上海市体育馆举行。我校许多师生均到场观看，还组织拉拉队。记得篮球夺冠后次日，语文课袁炜彤老师在整堂课中讲述了这场比赛，包括当场听到的观众对我们的评价。我们借助有垒球运动的基础，在后卫拿下篮板球的瞬间，以单臂远传给快速前进中的我或左前锋宁卡洛。漂亮的快攻接连得分，赢得全场呼叫。就这样，我们战胜夺冠呼声很高的对手启秀女中。最后，我们全队团结友爱，互助鼓励的精神，进攻对方弱点，击败对手培明女中，终于夺冠。

所谓“贵族学校”的中西女生，竟然在篮、排球上双双获全市中学联赛冠军，可谓奇迹。当时轰动全校。有如此战绩，主要归功于我们有那么好的一位老师。同时中西的教育造就我们具备高尚的体育道德作风。我们谦虚、团结、互相勉励，精神焕发，才能取得优异的战果。由于我在球场上的活跃表现和突出的体育成绩，在校得到了不少“粉丝”，直至每年校友会时常常有低年级校友喜欢和我打个招呼，说上几句，让我感到非常欣慰。

回忆刘祖信老师当初教我们体育课时，总是精神十足，身体笔直，笑眯眯地讲述，身体左右摇晃几下，总能激起大家的兴趣，认真愉快地上课。

刘老师的教学方法很生动，譬如，篮球的投篮动作，她用简单的口诀“跨、踏、跳”帮助我们掌握基本动作。“跨”就是跨出大步接球，“踏”就是接连用单脚踏跳，然后“跳”就是跳起投篮。我就是这样天天在家徒手练习“跨、踏、跳”，很快就掌握了三步

昔日垒球运动员聚会。左起孙以祁、林静怡、徐美贞、萧嘉珣、蔡詠芳 (2014.9.11)

上篮动作。在校队训练中刘老师认为我们已较好掌握基本动作后，她就请市内著名教练 (篮球是孔广益、排球是钱家祥教练) 来进一步帮助提高我们的基本技术和临场经验。

中西的体育，不但在球类运动项目上普及并取得突出成绩，每年还举办全校运动会，组织叠罗汉、团体操等表演，在此基础上，解放初期上海市每年举行的国庆节、五一节游行中的团体操表演，刘祖信老师被邀请编操 (如彩球操), 中西女中以及后来的市三女中学生都参加表演。

刘祖信老师常喜欢叫我小名“小宝”, 或有时称我“小囡”。有一次刚集队上课，她竟提问 :“你们是否知道如何擦玻璃窗 ? ”我们这些“小姐学生”怎么会知道。她第一个就提问我，当然我没能回答上，后来她才说应该用报纸擦，效果最好。我在体育课得到这样的知识，牢记在心，直至中年以后的我，一直用报纸擦窗。

中西对体育的重视体现了德、智、体全面发展教育，校友中毕业后进入体育界的据我所知，50 届的曹云云曾参加“八一”女子篮球队，53 届的朱亚爱、汪兴华曾入上海市篮球队并担任教练。朱亚爱最后在市体委人事部门工作得到好评，还有 53 届王六如在南

52届萧嘉珣 司罗素和市三垒球队柳平平 沈苏老师及全体队员

方担任排球教练，54届的方绮纨担任山东省部队女篮教练，升为师级干部。我本人在上海市体育运动委员会竞赛处工作两年后调到上海医科大学担任垒球教练，被国家体委聘请为全国女子垒球比赛培训垒球比赛记录员，担任历届比赛记录长、副记录长职务。1991年在北京举行的第11届亚运会担任女子垒球比赛副记录长。1986年评为副教授。

2014年9月11日，1946届的蔡詠芳从香港来上海，相约几个老同学一起去探望林静怡并合影，谈及垒球。原来我们五名中西校友均为当年垒球场上的运动员。

左一：孙以祁——外场手 1946届

左二：林静怡——游击手 1946届

左三：徐美贞——接手 1946届

右一：蔡詠芳——一垒手 1946届

右二：萧嘉珣——投手、游击手、三垒手 1952届

回忆起来，1946届在校时不但打垒球，学校还举办篮、排球年级联赛，1946届初一

中西女中垒球队参加上海市垒球联赛获冠军(1951)

后排左起：黎冠瑜、舒琳琳、李文玉、?、毛正容，前排左起：肖嘉珣、?、支玉珍、宁卡珞、?

时在全校篮球赛中竟打败高班各队得冠军。我们1952届初一时在全校垒球联赛中除败给姊姊班(高二)，胜其他各年级队获亚军。担任裁判的有黄凤贞老师和已毕业的校友徐美贞。可以说凡中西校友，大多数懂得规则极为复杂的垒球运动，值得欣慰的是该传统项目一直保存到现在(见我与目前市三女中校队合影)。

垒球：

1. 我念初二时(1947)经教导主任吴景昭老师批准，代表上海女子垒球队参加国民政府举办的第七届全运会获亚军，并于1959年代表上海市女子垒球队参加第一届全国运动会获第三名。

2. 在校时组织中西女中队参加在淮海广场举行的上海市垒球联赛获冠军。

3. 毕业后应1955届校友孙以志联络，与在校学生组织“沛”连队(“沛”含义市三)

(70岁)笔者在原圣约翰大学校园里打垒球

(75岁)笔者在市三校园里拍摄自己编制的”垒球运动基本技术“作开场白

参加上海市垒球联赛 (1953 年、1954 年)。聘请我二姊夫黎宝骏 (黎冠瑜父亲) 担任教练。

队员有：

1952 届：萧嘉珣、黎冠瑜、李文玉、支玉珍

1953 届：舒琳琳、毛正容

1954 届：宁卡洛

1955 届：孙以志、吴静姝等

篮球：1952 年获上海市中学联赛冠军

教练：刘祖信老师、孔广益先生(外聘)

主力队员：

中锋：1952 届　李文玉、1953 届　汪兴华

后卫：1952 届　黎冠瑜、1953 届　朱亚爱

前锋：1952 届　萧嘉珣、1954 届　宁卡洛、周洁、方绮纨

排球：

1950 年获上海市中学联赛冠军(九人制)

教练：刘祖信老师

主力队员：

1950 届 黎冠瑾、曹云云、叶湘云、王积康、郑璧如

1952 届 萧嘉珣等

1952 年获上海市中学联赛冠军(六人制)

教练：刘祖信老师

主力队员：

1952 届萧嘉珣、黎冠瑜、1953 届汪兴华、朱亚爱、王六如、1954 届宁卡洛

刘祖信老师退休后，我每逢春节都去向她拜年，我们一起回忆过去，谈及一个个优秀的运动员校友。她对中西女中以及市三女中体育教育做出的贡献是不可磨灭的。

(2014 年 11 月 22 日)

我对地理的兴趣缘于中西女中

1952届　许嘉琳

我这一生从事的都是大学地理教学，从自然地理学、土壤地理学到环境地理学，回顾自己选择这一专业的动因，还要归结到中西女中时期谢芳蓉老师生动活泼，引人入胜的地理课堂教学。

很多同学在回忆中都对谢芳蓉老师的地理课留下了深刻印象。谢芳蓉老师在讲解地中海气候时，从比较地中海与上海当地气候出发，阐明地中海气候的独特性，再从气压带、风带随季节移动的规律对此种特征的成因深入剖析。这样的课，怎能不引人入胜？她讲课时常将祖国的名山大川、水利工程、矿山建设讲得激情澎湃，讲得我们恨不得马上就打起背包走天下，投身到火热的祖国社会主义建设中。我就是被她的讲课所感染，激发了对地理学科的兴趣。

新中国成立伊始，一派欣欣向荣的景象。那时学校已有多名同学响应祖国号召，参加青年文工团或参军。在大家忙于准备高考时，组织决定需要几名优秀同学留下在中学工作，加强学校师资力量，司罗素、傅家祥毫不犹豫地服从安排。在那个年代，我们选择志愿，都会自觉考虑国家需要。国家号召毕业生报考师范院校，自己又有当教师的志趣。同时，受到谢芳蓉老师生动的地理教学的感染以及阅读课外书籍的影响，我认识到：通过学习地理学，可以探索自然界（气候、地形、水文、生物等）各种奥秘，可以了解世界各国社会生活，还能以所学知识参与“利用自然、改造自然、建设祖国”的事业。于是，我将北京师范大学地理系作为第一志愿填报并被如愿录取。

1957 年我从北师大地理系毕业，留校任教，于是开始了我的地理专业的教学工作。改革开放后，我出过国，当过访问学者；我是环境地理学教授；爱读书，更爱探索求新。我的教学、科研成果曾多次得到奖励，还获得了国务院特殊贡献津贴。

许嘉琳

能取得这些成绩和我在中西女中受到多方面的良好教育和锻炼分不开的。首先是英语教学，在中西时我们在这方面受到了严格训练，我们的教材都是世界名著，课堂上，老师常指定其中一段，让同学们阅读，领会其中环境、各角色的处境、心态、然后模拟写出他(她)当时当地所说的话语。老师还指导我们在课堂上、在礼堂里，依据教材内容，演出英语剧。通过联系一定情景的教学，提高了听、说、读、写能力，能做到用英语思考、用英语交往。中学时代打下的英语基础，让我们在改革开放后能迅速投入国际学术交流活动，较快地掌握了学科前沿动态。

其次是工作上的锻炼，求知欲、创新、工作能力是奠定一个人成功的基础。在中学时代，也许并不会意识到有什么和别人不一样，只是当进入了继续学习、工作的阶段后，才能体会到中学老师们以“授人以鱼不如授人以渔”的精神，在潜移默化中使学生掌握了学习的正确方法，对今后的发展带来了良好而深远的影响。当年学校的课外活动很多，学生们除了课堂学习，很多的素质培养是在课外活动中进行的。我曾担任过学校的学生会副主席、学习委员。学生会执行委员们经常开会讨论怎样帮助同学们学习好；怎样配合形势做好宣传；定期出壁报。十·一、五·一，还动员、组织同学们参加庆祝游行，欢庆建设成就，歌唱祖国走向繁荣富强。正是这种课外的锻炼，使我在走上工作岗位以后能很快投入进去。

大学毕业后，我在北师大从事自然地理学、土壤地理学领域的教学、科研。改革开放后，将重点转移到环境地理学，曾承担多项环境保护领域的重要课题研究。例如：土壤中重金属环境容量研究、利用太阳光能催化降解水体有机污染物研究、油页岩灰农业性状及植物栽培试验研究等。环境保护领域的研究，具有显著的地域特征，而且综合性强，要求学科间交叉，专业间协作。

以“油页岩灰农业性状及植物栽培试验研究”课题为例，这是我和中国石油大学(北京)王剑秋教授共同主持的。王剑秋和我同为中西女中1952届校友，从小学六年级起，就是同学。高三时，我们分别是一班、二班的班长。1952年后，又分别在石油大学、北师大、学习、工作。1993年起，由于任务需要，我们又有机会再次联手协作。

当时，研究基地在我国重要石油化工基地——广东茂名，目标是研究解决页岩油生产过程中堆积的大量废弃物造成的环境污染问题。茂名的工业企业，经近 30 年的排放，现场堆放废弃物总量达 2.4 亿吨，形成高出地面 20 ~ 30 米，占地近 7 千平方米的废弃物堆积场，严重污染周围生态环境，急需探索合理利用途径。我们与当地企业工作人员合作，设计利用茂名有利的自然条件，在堆积场试验栽培树木，种植经济作物，以改善环境质量，并促进废弃物资源化。

此后的四年，我们和研究生、当地技术人员一起，在烈日下到现场徒步考察，为了解堆积物的纵深情况，从地面向下挖出 1.5 ~ 2 米的深坑，亲自下到坑底，划分出堆积物的层次，逐层记录其性状，并逐层采样。样品带回北京后，又分工分析废弃物的无机物、有机物组成。在此基础上，配合人工气候箱内的模拟实验、现场栽培试验。最终，科学地趋利避害，使试验地上绿树成荫，也就是通过人工生物措施提高了环境质量。此项研究，获厂级特等奖、部级科技进步三等奖。

我们在此前都曾分别获得过多项更高级别的奖项。但这一项目，却是母校赋予我们的独立思考、乐于探索与相互协作精神的体现。所以我们都分外的珍惜。

中西女中是我永远怀念的母校，至今我仍然记得几乎每一位教过我们的老师的名字，记得许多老师的授课特点，记得校园里绿草如茵、树影斑驳，阳光下，五四楼的彩色玻璃熠熠生辉，伴着学生求知若渴的心袅袅蒸腾起。课堂上，先生们拿出教具，在讲台前授课严谨又系统，具体又生动。午间休息，师生们一起在校园散步，循循善诱，和蔼可亲。这一切将永远留在我的记忆中！

对母校和老师的深深怀念

1952届　朱昌平

我们1952届是很特殊的一届。高中毕业时正值更换校名，因此我们班既是中西女中1952届同时又是市三女中的第一届。我记忆中的中学时代实际上是在中西女中就读六年期间所发生的人和事，情和景。

我们是在抗战胜利之后入校的，那时的中西女中其教师的素质，教学质量及校舍，设备，都已经负有盛名。入学考试严格，还专门为考分稍低于录取标准的学生设立了预备班，在预备班补习一年之后方可正式读初一。学费也比其他学校贵，尽管如此，投考的人依然很多。考生不一定来自资产阶级家庭，我们的同学中就有很多来自知识界，如医生、职员、艺术家、教师、教授等的家庭。虽说是教会学校，却并不要求学生必须信仰基督教。校方不论学生个人的宗教信仰或是经济背景，对所有学生一视同仁，没有特权，也没有歧视，同学间平等友爱相处。校方为我们创造了一个公平，良好和宽松的学习环境。

学校的课程设置很全面。语言、科学、人文、艺术、体育科目齐全。令我特别感恩的是老校长薛正。她以其睿智的眼光为母校延聘了一批极优秀的老师。她们有高尚的品德，精深的专业素养，严谨的作风，敬业的精神。不少教师以校为家，就住在宿舍楼靠健身房的那一侧。在1952年之前，教师中还包括多名美籍女传教士，在学校教英语和音乐。1951年年底她们陆续返回美国。

中西的老师们都各有其特别的精彩。例如毛丹林，张小如，黄凤贞，王征兰老师的数学课为我打下逻辑推理的基础，使我后来学微积分毫无困难。陈宝琦老师的历史课非常生动，她的口才特别好，历史故事被她讲得条理清楚，引人入胜。后来当我有了些人生经历后，才领悟到历史课的重要性。张恺老师的地理课使我们立足中国放眼世界，引起我极大的好奇心，我可以捧着地图看几个小时，毫无倦意。她常常布置我们画地图，上颜色以示疆界。当时外蒙古已经独立，我发现中国这张“桑叶”突然缺了一大块，是何原因老师也给不出答案。这个问题直到近几年我才搞清楚。

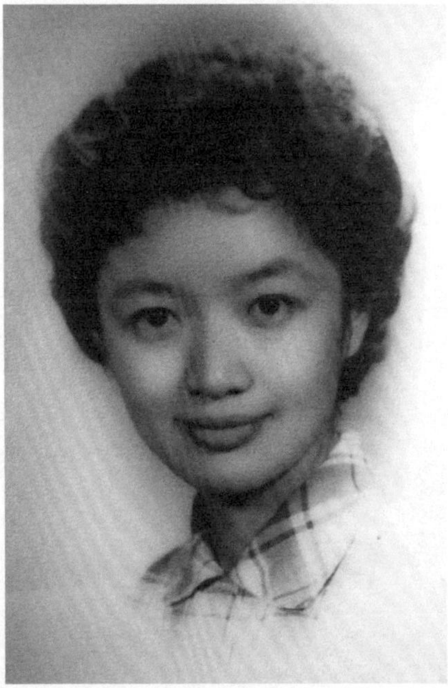
中学时代的朱昌平

我大半生都是在当老师，因此对教学法特别关注。中西的老师们在这方面也有她们独到之处。记得初三那年的英语课，指定读物是查尔斯·狄更斯的《双城记》。授课老师是葛继恩 (Miss Craig)，有一次她给的作业是阅读某某章节，第二天要写出概要。然而古典文学所用的词汇和语言有时艰涩难懂，那天晚上竟有一个同学通宵达旦开夜车，翻字典，查生字，一字不漏。葛继恩老师知道后对同学们说，她布置这个作业的目的并非让大家不睡觉，而是要大家学会速读的方法，学会把握好关键词汇的字义，连接起来应能了解整体内容。当然运用这个方法需要相当的语言基础，但它确实管用，并且帮助同学们克服了阅读英文书籍的畏惧感。又如美术老师吕纳在一次课上和学生一起到校园里，每个人画一棵自己认为最美的树。写生后加以分析，并说明它之所以美的原因，然后交流讨论。回想起来她的做法很有创意，给我很大的启发，其一是引导学生去发现生活中美好的事物，其二是学知识要知其然，还要知其所以然，其三是广开言路，互相学习，开阔视野。

在所有老师中我最熟悉的是“曾夫子”。这个尊称是如此有名，大家把她的原名都记不清了。她就是曾黄友黻老师。她早年在湖南有名的福湘女中求学，后毕业于金陵女子大学，中英文都有深厚的基础。从上世纪四十年代前后她就在中西任教国文，她对古今中国文学，诗词和书法都有很深的研究。至今我还保存了她编写的一本关于汉字标准草书研究的书。她和我的母亲是中学时代的挚友。自我有记忆时开始她就是我的寄母，寄父曾昭桓去世较早，是曾国藩的重孙。1952 届的同学中有人在曾夫子的班级上学过《孟子》和诗词，但是我从来没有上过她的课。后来我才知道校方的原则是不把有亲朋关系的师生放在一个班级里，我认为这是校方明智之举。

寄母是我成长过程中很重要的人物，我投考中西就是出于她的建议。在中西受到的

1952届朱昌平

教育是联系实际的也是生动的。我入学那年刚满12岁，学校规定必须寄宿，并且为寄宿生订了不少规矩，使我们的集体生活有序而又愉快。例如，在饭厅用餐之前，一桌八人围着方桌唱《谢饭歌》一共四句，其中第二句是“一粥一饭来之不易”，唱毕坐下方能用餐。如此每日三次唱了几年。我相信不要浪费粮食的观念已经成为同学们的行为准则了。

体育老师刘祖信也是一位精彩的老师。她的组织能力特别强，曾多次成功组织了全校大型集体体育活动。记得有一次体操表演，同学们在大草地上组成各种方阵，变换形状，形成图案。1949年全市教会学校参加庆祝建国大游行，她是组织者之一。平时她对学生体能的训练要求很高。例如从百米赛跑开始，最后要达到能跑400米的水平。全校各种球类的水准也不错。女子垒球是最出色的。萧嘉珣、黎冠瑜就是我们班的球星。她们上场比赛，我们大家一窝蜂赶去捧场，欣赏她们的球艺和飒爽英姿。刘老师把全校的体育活动搞得有声有色，深得同学们爱戴。

我们1952届的老同学都已年届八旬。现在回忆中学时代会有与当年不同的视角，但我们有一个共同的心声，那就是母校给我们全面的教育，为我们的成长打下了坚实的基础，对我们一生的发展有极大影响。谨以此文献上我对母校和各位师长深深的怀念和敬意。

中西女中改变了我的命运

1952届　朱亚韫

命运奇妙，值得回味！

1948年冬，寒假期间，内战的炮火连天，我们全家6口人乘轮船自上海赴台湾台北。

台湾很美，确是宝岛，我们参观了台湾图书馆，发电厂，制糖厂，温泉，日月潭等地。

在台北住了约三个月，父亲决定，全家回上海。理由是：台湾的学校是日式教育，哪有中西女中和南洋模范好。

我出身于一个书香人家，我的祖父朱文鑫是中国现代天文学家，对中国天文史研究做出重要贡献，他是中国科学史事业的开拓者。在我的家乡昆山锦溪镇有我祖父的塑像。我的父亲也是一个教育工作者，我们家认为家庭和学校教育是头等重要的。

中西女中是一所名校，深受社会的赞誉，校园环境优美，设备完善，一流的教师队伍，是女子成才的摇篮。

我非常感谢父亲的正确决定，1949年春全家又回到了上海，我继续在中西女中就读(妹妹朱亚昭也入校，是1957届校友)。在中西的那段时光是我最幸福的日子，也给我带来最美好的回忆。在那里受到德、智、体、美最全面的教育，使我在人生道路上有了力量和智慧，能迅速适应各种不同的环境和挑战。

朱亚韫

1954年我在上海交通大学机械制造系专修科毕业后被分配在大连起重机厂当工程师，经历了难忘的大动荡，将最宝贵的青壮年时代贡献给祖国的建设。

改革开放后的1982年，我去了美国，在异国他乡从零开始，奋斗20年，至2002年。我努力拼搏，终于挤进世界一流的大公司 Silicon Valley HPCO (惠普) 高科技的研究部门工作，最后被评升为 IC Process Engineer (程序工程师)。

是母校为我打下了扎实的基础知识。让我意志坚强，敢于奋斗。如今我已是八旬老人，但身体仍健朗，子女都已成家立业，孙儿们也聪慧有望。我生活美好，知足常乐。有此成就真可谓是中西造就了我，我也继承了中西的基因传给我的后代。

(2014 年 12 月)

记忆犹新的文体活动

1952年高二　谢慧霞

离开母校已经60年了，这是一段多么漫长的时光，当年充满幻想，无忧无虑，一身稚气的少年，如今已是年过耳顺，儿孙绕膝的老年人了。但每每想起昔日同窗少年时的伙伴，却仍是当年一起神聊海侃，打闹嬉戏的模样，像电影镜头始终定格在那一段时光。

每一个人的少年时代，都需要最好的养分和最精心的照料，在这段金子般的岁月里，有幸就读于一所好学校，在好校长的领导下，得到好老师的教诲，结识一批好同学，就好像一篇文章开了一个好头。写好第一章，使我们终身受益匪浅。

现叙述几件印象深刻的事。

团体操

记得高一年级时，上海市召开第一届全国田径运动会。我们几所女中参加其中一组团体操表演，主题是“和平花开”。

历时两个月，每天下午放学后均在学校草坪上练习，每人右手执一红纸花，左手执一白纸花，在表演字形变化前我们需要完成8节体操，天天练得汗流浃背。

运动大会在江湾体育场召开。我们三校女生身穿短袖白衬衫，黑短裤，白袜，白球鞋，十分整齐。当时是听音乐指挥举左右手，我站在“和”字第一撇中，那时的感觉是由于有机会参加全国运动会而感到自豪，有幸生活在新中国而感到幸福。

会后发给每人一张粉红色书签作为纪念，上有金色的毛主席头像和他的指示“发展体育运动，增强人民体质”。第二天，解放日报第一版刊登了和平花开团体操的照片，我剪下来珍藏了一段时间，在抗美援朝战争期间，为了接受国际主义教育，国家号召每个中学生需与一名在前线作战的志愿军战士通信，我把这张剪报给寄去了。

护国徽队

有一年国庆节，需 30 名护国徽队员参加游行，来我校挑选身高 1 米 65、剪短发者。我有幸入选，历时半月，每天放学后排练学习正步走，通过主席台时向左看齐，必须前后左右队列整齐。游行那一天，我们身穿白色的运动服，白球鞋，手握花束，一字排在国徽后面向前走，远远地看到市领导在主席台上向我们招手。在这幸福的时光，我们无限感动和快乐，时隔 60 多年后的今天，仍在记忆的长河里留下深刻印象。

谢慧霞

大合唱

母校十分注重外语教育和艺术教育，经常开展文娱体育活动。有一次举行歌咏比赛，我们高二年级演出贺绿汀作曲的“垦春泥”四部大合唱，天天下课后练习，越唱越有劲，演出时发挥得更好，声情并茂。高三年级演唱“和平之歌”，她们服装统一，队列整齐，表情热烈，获得一等奖，我们获得二等奖。

演话剧

在镇压反革命运动中，我们班演出话剧，叶绍钧所著《夜》，由屠美娣演反革命分子，朱美珍演母亲，我演舅舅。朱美珍的表演最佳，据说引得台下不少同学都流泪了。

健身房的绳子

我刚入学，第一次去健身房上体育课，有两条粗绳子从二楼吊下来，看到同学们握着绳子荡来荡去十分开心的样子，我也去试试。由于方法不对，没抓紧而是从绳子上滑下来，造成十个手指的皮都被磨破，痛得十指连心。但我坚持每天上课，因为双手都包着纱布，数理化老师免去我交作业，老师在课堂上讲的内容由课代表和同学们代抄成笔记历经一个月，手指才痊愈，丝毫没有影响学习进度。老师和同学对我的关怀，至今想起来都会热泪盈眶，而看到健身房那条绳子还是心有余悸呢！

回忆我的母校
——中西女中

1951年高一　顾开明

我从小在中西第二小学就读，于 1947 年直升中西女中。我记得开学第一天，一踏进校门，就有高二的姐姐来关心我们。一对一指定的。我记得我的姐姐是——汪玛丽，真亲切！我们都是住宿生，四人一个寝室——王六如、盛如佩、江曼芳和我。记得有一天晚上我发烧了，六如她们彻夜没睡，守护在我的床边。特别是六如，急得什么似的，真是不是姐妹，胜似姐妹！我们一日三餐的饭桌椅也是固定的。八个同学一张方桌，四菜一汤，每桌有桌长，安静地进餐。每到放学后 4:00 ~ 4:30，我们就奔到吃食间(里面有一长排、一长排的架子，专给学生将自己从家里带来的饼干筒，放在一个固定的位置。平时是锁着的)大家吃着、笑着，真开心！更难忘的是，几乎每个傍晚(晚餐与夜自修之间)，我们可以八个人手挽手一排又一排、一圈又一圈绕着美丽的校园边走、边说笑、边唱歌……多甜美的校园生活！

我上课时坐在第一排中间，就在老师的讲台前，所以特别用功，认真。难怪调皮的同学会调侃我说：Coming(开明)！You are Singing(心英)！——指英语老师蒋心英！真的，老师肯定喜欢用功学生的，对吧？我还喜欢语文老师——黄聪，历史地理老师——田老师。田老师用左手练就一手清秀、漂亮、整齐的板书(她患过小儿麻痹症，无法使用右手)。我还喜欢代数老师——毛丹林。她为了加快我们心算速度，经常出许多道题，答得慢或错的坐下，最后一个站着的是优胜者。我们各个学科的老师也都住校，她们真是全身心地、毕生为我们辛勤付出。

我还非常喜欢我们的音乐老师——李明珍。我们所有的乐理知识——包括对音乐的欣赏和识五线谱的能力都是李明珍老师给打下的基础。只要李明珍老师的钢琴声一响起，我们就会肃然安静，随着音乐的节奏，走进大礼堂或者 Social Hall。我特别爱看高年级姐

中学时代的顾开明

姐们一届又一届的毕业典礼。她们身穿毕业礼服(各届的毕业礼服是不一样的)、双手捧着文凭，两个两个随着李明珍老师弹奏的March Song的旋律，一步一步走进大礼堂。多么庄严的时刻！(这March Song的旋律至今还深印在我的脑海里，一辈子也忘不了)1950年6月终于盼到我们自己初三毕业了，好兴奋哟！我们的毕业礼服是白色旗袍，配上一朵鲜艳的红花，和前几届的姐姐们一样，手捧文凭，两个两个……我和张雪薇两个是第一对站在队伍的最前列，随着李明珍老师弹奏的March Song，一步一步走进大礼堂，一直走到大礼堂的第一排，似乎有好长好长一段路……既兴奋又有些不自在，因为有那么多双热情洋溢的眼睛在专注着毕业班的我们出现呢！(其他班级早就满满地入座了。)

在我的母校，我还有两位难忘、敬慕的人，她们是——薛正校长和瞿明明同学。在我的印象中，薛正校长从来没有做过什么大报告，也没有对我们说教过什么，可是她将毕生的精力为女子教育事业付出和奉献，使我们懂得了，做人就是要这样：正直、有爱国心、自强不息！瞿明明同学比我们的姐姐班还要高一届。她当时是中西女中解放前夕最早的学生地下党员，可以说瞿明明同学是我政治生命中的引路人。

当我还在初二年级时，正是上海解放的前夕。瞿明明同学就默默地在各个年级聚集几个同学(我就是其中的一个)进行了一系列迎解放的活动。解放了，在校内，瞿明明同学带领我们成立了“火炬社”——共青团的前身；在校外，她带领我们上街参加欢庆上海解放大游行，还带领我们去交大与各个院校学生(就在水泥地上)席地而坐开大会，高唱革命歌曲——解放区的天是明朗的天，解放区的人民好喜欢……高昂的歌声此起彼伏，振奋人心！

接下来，一桩桩震撼人心的事件接踵而来。眼看着高年级的姐姐们北上的北上、南下的南下——去大西南服务团……再加上朝鲜战争爆发，战火烧到了我国边境鸭绿江。“国家兴亡，匹夫有责！”我再也按捺不住了。我想即使我不会打仗，我也要当一名卫生员去朝鲜战场救护子弟兵。决心已定。我毅然放弃了自己酷爱的学业。经上海市团委批准五名同学参加志愿军：高三两个：钱元佩、严瑛；高二两个：俞芷蒨、张亦英；高一只有一个，那就是我。正当我们告别亲友整装待发时，却通知我们五个全部分配到上

参干后分在公安战线的顾开明、严瑛、朱理平

严瑛、朱理平、顾开明合影(1999.11.7)

海市公安局(国家安全局前身)。原来当时刚解放，国家需要大量外语人才，而英语正好是中西女中学生的强项。

那是1950年12月9日。我连高一都没读完。白天，我们还在中西女中的队伍中参加全上海纪念“十二·九”学生运动的大游行；晚上，我们百多个来自各个院校的热血青年就到公安局报到了。当天晚上的联欢会真是个激情燃烧岁月的缩影！各个院校的青年学生都纷纷上台演唱、表演。我记忆犹新地记得当天晚上，我们中西女中五个同学上台唱的就是：“年轻人，火热的心……”这种热情洋溢的场面永远忘不了！接着，我们还看了电影——《刘胡兰》。第二天，我们百多个青年乘着马车来到了警校训练基地。豆蔻年华的少男少女们受着严格的军事训练。白天立正稍息、跑步、学习；晚上甜甜地酣睡在上下铺上。这种温暖的革命大家庭的集体生活一辈子也忘不了！我的十六岁生日就是在那军事训练基地过的。我们只花了几毛钱就可以买一大堆花生，庆祝我的生日。大家一起吃，可香了！真好吃！后来，集训结束，其中有50名整编为“娃娃科”。可见

顾开明、俞芷倩、钱元佩、严瑛回母校参加追忆四十年足迹活动(1989)

当时我们的年龄有多小，如今我们都已年迈 80 岁了……

我离开母校已整整 65 年。在这 65 年中，人生怎么可能是一帆风顺？但只要心中有母校薛正校长的身教——正直、有爱国心、自强不息！——就足矣。它足以能使我们离开母校后，在各自坎坷、艰辛、（甚至有时对我们很不公）的人生道路上一步一个脚印、从从容容、踏踏实实地走到今天，无怨无悔。这就是我们的骄傲！我们不愧是母校——中西女中孕育出来的女儿！这就是女儿们今天向母校交上的一份毫无遗憾的满分答卷！

人生无悔，就是完整！

（2015 年 6 月 18 日）

母校激励我为国争光

1952年高二　顾小芸

自小学二年级起我就进入中西二小，后来直接升到中西女中。也就是有十一年是在中西的培养下成长的。从小培养了礼貌待人、文明举止的行为，和热爱学习的优良习惯。

中学时代是一个人成长的关键时刻。此时的教育对一个人的塑造是最深刻的，也是人生观逐渐形成的重要时期。1949 年 5 月上海解放，我当时念初二。解放军的严明纪律让我从心底里拥护共产党，我参加了党领导下的学生社团“火炬社”。是年 12 月我成为学校第一批新民主主义青年团团员。

中西女中的老师都是第一流的。至今还记得，数学老师王徵兰先生一进课堂，教室马上鸦雀无声。她在黑板上一笔就画出的圆和用圆规画的一模一样，可见她的功夫不是一朝一夕练就的。从中不仅学到了知识，还懂得了一丝不苟、刻苦训练的重要。化学老师彭大泳先生用简洁明了的语言把化学平衡方程讲得那么透彻，使我对化学有了特别的兴趣，甚而我曾想成为侯德榜那样的人。老师们以高超的艺术让我们对课程的原理融会贯通，在此基础上再进行习题演算，所以我们的回家作业很快就能做完，绝对没有题海战术。即使在高中时因团总支委会占用很多课外时间，也并不耽误学习。在我们毕业时，王徵兰和彭大泳先生由于她们的高超水平都调到大学去了。

还在初中时，学校就为附近的贫困孩子开办了义务小学。我被派去做小先生，从中培养了爱心和责任心。再加上语文、政治和历史课的内容让我懂得中国长期来被侵略的历史，以及无数革命先烈为祖国献出了宝贵的生命。中学毕业时我的理想已不限于小女孩时的“居里夫人”，而是要成为发展自己祖国事业的专门人才了。就在这时，学校保送我到苏联去上大学。

去苏联选什么学校和专业都不由你自己，我被分配到莫斯科大学地质系土力学专业。

顾小芸

这和我原来爱好的数理化有较大差别，但一切都应服从组织，而且要学一行爱一行，所以我以积极的态度对待这较为陌生的专业。

1954 年秋刚到苏联时，我们只学过 8 个月俄语，马上和苏联同学一起听课、记笔记。苏联老师一般不提供讲义，而一堂课下来就要留数十页参考书自学。语言关、学习关……困难重重。在困难的日子里，一方面是为祖国学习的坚强信念激励着我，另一方面母校给我打下的扎实基础给予我信心。我相信只要刻苦努力，日积月累，别人能做到的我一定能做到，而且会做得更好。大学三年级时，我已有余力，我选修了更高深的数学课。大学四年级时，我经常参加老师们的科研讨论会。五年级时，我得到了以科学家命名的奖学金，这是全年级仅有的两个中的一个。在莫斯科大学地质系的光荣榜上第一次出现了外国学生的照片。

莫斯科大学对学生科研能力的培养是一流的。三年级起就写年级论文。五年级这一年全是写论文的时间，相当于其他国家的硕士论文。论文导师教我如何了解国际上的科研前沿，还给我提了回国后工作的建议。就这样，1959 年我带着优秀毕业文凭回到祖国参加工作。

六十年代初在钱寿易先生领导下我们和上海水文地质大队合作，进行了上海地面沉降研究。在“文化大革命”期间我们依然坚持工作。1981 年我国代表团是“文革”后第一次出席国际土力学大会。《上海地面沉降计算》是出席会议的论文之一，受到了与会者的好评。这样的文章在当时的土力学界还没有，因为以前土力学多涉及地基基础工程的问题，不接触广大区域的地质问题，而区域水文地质工作者一般又不进行难度大一点的计算。是在我们的文章以后，国外有人逐渐开展这方面的工作，并纷纷来上海找拥有长期沉降资料的地质部门合作。我们力学研究所的工作则不断向深度发展。但我们没有那么多钱经常去参加国际会议。在九十年代的一次国际地面沉降会议上，会议主持方给一位多次参加国际会议的外国专家安排了有关上海地面沉降的 15 分钟发言，却只给我安排了 5 分钟。会议主席还问我是否和那位专家做的工作一样。我告诉他，那位专家只能对有长期观测资料的上海进行计算。我们国家还有那么多地方没有长期的观测资料，我们着重土性研究的特点，正是我们计算的目的和长处。之后，好几位著名的科学家都主动来和我交换名片。

顾小芸在土耳其参加国际会议期间

八十年代初，我国海洋石油工程开始进行。中日在渤海合作开发中国的第一个油田。按照协定，土样不许带出国门，因此渤海石油公司从日方以反承包方式进行室内土工试验，但实验必须在日方指导下进行。我所的研究人员以该实验室老师的身份参加试验。起先日方代表趾高气扬，一切都要听从他们的指挥，但后来他们回答不出的问题我能回答，且还给他们讲清原理，他们的气焰就不那么嚣张了。一次一个日方人员计算有错，我指出后，他不服，说这是他们用计算机得到的（当时计算机还不太普及）。我驳斥他：计算机的结果是由人编制程序得来的，请你拿出你的程序来，并指出他的错误所在。他吓得连连道歉，并请我们不要将此事报告他们的上级。

1984 年，改革开放的前期，我到英国去访问研究，住在一对老知识分子夫妇家中。英国是一个重视文化礼仪的国家。由于历史原因，当时的英国人和大陆中国接触很少，在英国的中国人多数是从香港去的，开饭馆或从事服务工作。我除了在单位认真工作，受到同事们尊重外，母校培养我的文明举止也使我和老夫妇在生活中相处得很好。房东老太太对我说："我以前看到的中国人，终年从事那些沉重的劳动，很少有笑脸。我从你的脸上看到了大陆中国人发自内心的微笑。"我们间建立了深厚的友谊。即使在圣诞节这样家人团聚的日子里，他们也像对家人一样地容纳我，使我没有尝到外国人在异乡常感到的孤独。回国后我一直和他们保持通信联系，直到房东老太太去世为止。

在挪威访问研究时，我夜以继日地工作，曾在一个月内完成一篇论文。为此，教研室主任在全室大会上多次表扬我，希望同事们向我学习。出于对我的信任，还借给我看一些盖着"秘密"印章的报告。

九十年代，在进行海洋石油和天然气管道的区域海底稳定性研究时，发现国际设计规范所依据的管土相互作用实验是在机械式循环载荷下进行的。实际上，波浪是水动力，属于流体力学范畴，原有实验之所以没有考虑波浪力是专业局限性所致。我联合本所流体力学的同事进行了流—固—土相互作用的试验和研究，首次揭示了砂质海底上管道稳定性的波管土耦合效应，在国际会议上又一次受到外国同行对中国人的好评。

回顾我的经历，我为祖国争了光。是党的培养结果，也是中西奠定的良好基础。

感恩母校赋予我们做人之本

1952年高二　郭静贞　项粲兮　李洁民等

我们这届同学是在1947年进入中西女中的，在校期间我们跨越了两个时代，两所学校——1949年我们迎来了上海的解放、新中国的诞生；1952年7月我们从私立中西女中进入市立上海市第三女子中学。我们在江苏路的校园里度过了6年难忘的中学时代。

随着岁月的流逝，我们从母校毕业至今已经是第62个年头了，如今我们都已步入老年。今天我们能通过各种途径——电话、网络、视频，与遍及世界各个角落的同窗姐妹取得联系，共同回忆我们那美好的黄金时代及校园生活。这使我们倍感温暖和亲切。尽管我们的记忆已逐渐在“褪色”，但中西女中的校训Live, Love, Grow却永远铭记心中，它是我们终生的座右铭，它让我们受益终身。

母校留给我们的第一印象是她在学业上比一般学校更严格。中西女中以70分为及格线，这让小学毕业的我们望而却步，几乎不敢尝试报考，在小学老师和家长的鼓励下我们幸运地被录取。入学之前听说中西女中是贵族学校，但进校后令我们惊讶的是，老师和姐姐班的姐姐们都衣着朴实，竟无贫富贵贱及“富二代”“官二代”之区分，老师对同学一视同仁。在举行开学典礼后，高二班的姐姐们就热情主动地到新生中来寻找她们的小妹妹，让我们很快就适应了这一新环境。同学之间不分班级高低，都主动地认识新朋友，相互关心，乐于助人。我们有幸能加入这个“行列”中，在充满了爱的大集体中学习成长。

中学六年，留给我们印象最深的是，我们必须严格遵守学校的各项规章制度。校规及纪律培养了我们良好的习惯，虽是琐碎细小，却对我们一生为人做事产生了重大影响。我们所能回忆的规章制度有：

1. 门卫制度——入校时必须佩带校徽，出门必须要出示个人的出校证。

2. 课堂规则——上课前5分钟打预备铃，此时老师已站在门外等待。正式上课铃前

恢复同学会后初次与薛校长及老师们合影。
前左：亚爱、王葆、锦琪、以瀛、薛校长、顾旋、如佩、项槃兮
后左：丽莲、娥英、慧彰、敬英、陈家芝老师、静贞、张恺老师、兴华、黄凤贞老师、聂崇实、徐尚均老师、宋梦芹老师、顾芙倩、秉炆、唐曙、芾青、曼恬

恢复同学会后薛校长与师生合影

每个人必须坐在指定的座位，上课铃后晚到的同学不允许进入教室。

3. 训育制度——若触犯纪律或违规同学，走读同学必须接受训育主任或班主任的谈话（当时同学们都称此为吃大菜）方可回家。

4. 寝室制度——住宿生必须严格遵守，定有宿舍值日制，保持寝室整洁。除奶粉及麦乳精可存放在卧室外，其他食品均要存放在一楼的吃食间“定时开放”，并制定了老师突击检查的日查房及夜查房制度。夜九时必须关灯入睡，夜查房时发现有“动静”，次日布告栏中全寝室名字被点名“吃大菜”。纪律和制度的约束培养了我们守时，守则，奉公守法，团队精神及集体荣誉感。

5、夜自修制度——寄宿生每晚定时集体夜自修，课间由姐姐班自愿前来兼课并做一一辅导。

6. 图书馆制度——最令人难忘且指导我一生的一个小动作，即是江梅鹃老师经常提醒同学离开图书馆前必须将座椅放回原处，保持整洁且不妨碍通行。看来虽然是小事，我们都在此时此刻感谢江老师，让我们懂得了这亦是文明礼貌的一种体现！我们都已习惯了这一小动作了，至今仍遵行不忘。

中西女中是全方位培养女子人才的"摇篮"，她在德智体美诸方面给予我们最大限度的自由发展。

7. 下面是几个同学的回忆。

涂省同学生动地诠释了母校是怎样一所既严格又活泼生动的学校。

中西的校园生活教给了我怎样生活得有意义，德智体全面发展。每星期三晚的"social dance"我们学会唱歌、跳舞、发展个人的艺术爱好。同学们个个快乐活泼，好比一个欢乐的大家庭。

老师在学业上对我严格要求。记得进校第一年我算术测验不及格，黄老师把我叫到办公室对我说："我知道你不是不会，只是贪玩。我教过你们家三姐妹，没见过像你那么调皮的。这次我不告诉你父亲。允许你周末回家，免关学校，但你必须好好学习。"从那以后我的算术成绩一直是优等。

我从小就爱好运动。除了参加体育课各种球类活动外，环绕校园大草地的水泥路，甚至连宿舍楼两边的餐厅都成了我的溜冰场所。我和另几位同学从东饭厅溜到Social Hall两边的走廊到西饭厅，在饭桌之间迂回溜行。从老师身边闪过。无奈，老师屡次拦不住我们，因为我们脚下有轮子呀。

在宿舍楼里，我几乎没有走过楼梯，从三楼下来不是从扶手上双脱手滑下来就是连隔三四格往下跳。班主任老师桂韵春看了直叫"小鬼头。快下来。要掼死你！"我照样继续往下滑。好痛快！即使在教室楼从三楼下课下来时我也是滑下来的。当然我总是第一个下达啰！

通过给义务小学的学生教音乐课，我懂得怎样关爱别人，与条件不及我的人分享我拥有的。

我能在如此完善的教育环境中成长是我一生中最大的幸福。可以称作我的黄金年华！这七年的德智体教育造就了今天的我。

1992年校庆100周年师生合影留念。 前坐左：汉珮、刘祖信老师、黄凤贞老师、王友慧老师、XX。 后立左：刁佩良、聂崇实、芾青、锦琪、君敏、六如、敬英、元贞、殷铭、秉炆、方云锦、俞宾鸿

1992年百年校庆时52年高二和刘祖信 黄凤贞 王友慧老师合影

董愉同学回忆3个令人难忘的老师：

小学到中学，是我一生中最愉快的一段，无忧无虑，学习上不需为升学“拼命”。课余没有繁重的作业，偶尔耍点小顽皮，例如背后给老师起个绰号……记得英语老师蒋心英吗？课代表顾开明，不知谁想出来的玩笑说：I am coming（开明），you are singing（心英）！还真“天才”！玩笑归玩笑，课堂上我们对老师是绝对尊重的，感谢她们的辛勤劳动！我印象最深的是午休时同学们排了一长排，手挽手在校园散步，边走边说笑。

这就是我们生动活泼、丰富多彩、既有严格纪律又有着相对自由发展空间的校园生活。

中西女中拥有最优秀的教师队伍，并配备了设施精良的实验室及健身房。

英文老师正规而又独特的授课方式，在那时的中学之间是享有盛誉的，重视课堂朗读语音声调和表情，课间师生的会话交流，同时养成了敢于在人群中表达情感及自己的观

点。老师并通过戏剧式的表演让我们形象地理解和记住了课本内容。我们都不曾忘记老师扮演的“灰姑娘”(Cinderalla)，使我们懂得了爱的力量，爱能改变一切。由于中西老师独特的英语教学方法，让我们受益终身。为我们日后工作和与国际友人的社会交往打下了扎实基础。顾璇及郭静贞在八十年代早期被工作单位选拔去美国进行技术交流，获得好评也为国争光。董愉同学回忆：“1980 年我有机会来到加拿大，竟然没有遇到任何语言障碍，立即受聘于技术咨询公司，直干到退休，这要归功于我的母校中西女中给我的教育和培养。”

在家政及语文课上，老师反复强化教育我们为人处世（人文教育）的哲理，它是开阔我们人生道路的金钥匙，也让我们懂得了偏重于数理化倾向的局限性。

老师的多才多艺，生动而又形象的教课方式提高了我们的学习效果。我们上课时，老师常有随堂提问及小测验，虽然当时给我们极大的压力，但待日后取得好成绩时才认识到老师的苦心。

生物课上来了一位新的男老师，他身着长袍，显得有点土气，我们都不以为然，不少人上课开小差。但当他默默地在黑板上用双手同时画出一幅生动的动物及人像时，同学们对他肃然起敬。从此在王宣之老师的课堂上秩序井然，因此也引

郭静贞，牛恩德，盛如佩在长岛海滩餐厅(1995.7)

左起：宋丽莲、郭静贞、项粲兮在郭静贞家(2002.3.15)

涂省2002年11月在青浦朱家角放生桥畔，右下角初中毕业左起王丽琳，洪建宜，涂省

王六如和刘祖信老师

起了我们对生物学的兴趣，为我们后来学医的同学打下了扎实基础。

老师在授课的同时不断在同学中挖掘具有特质潜能的“苗子”进行重点培训，即使是体育课也不例外。后来成为国家排球队主力队员、优秀国家女排教练的王六如，曾是我班最顽皮好动的小女孩，她的忘我拼搏精神为中国赢得了荣誉。朱亚爱也是班级中同学们仰慕的偶像，她的一生献给了上海体育发展事业。还有汪兴华这位篮球健儿。姐姐班的陶立玲在音乐老师的培养引导下参加了学校歌咏团，并成为一名著名歌唱家。庄元贞回忆，初中时常去外籍老师 Miss Craig 的宿舍玩，Miss Craig 常让我们画各种图去挂，贴在房中，她就是这样爱上画，大学进了美术学院。

王六如同学也回忆了她如何走上了体育之路的：

当年妈妈把我们三姐妹（珊如、吾如、六如）送进中西女中的二附小读书。1941 年我进了二附小幼儿园，一直在中西读到 1951 年念完高一，参加抗美援朝的军干校，被分在上海的第二军医大学读书。在军医大，我被选拔去参加 1952 年的全军运动会。1953 年起，

53届聚会(2015)

我作为八一女排队成员之一，我们多次获得全国联赛和全国运动会冠军。1955～1960年我入选国家女子排球队，参加多次国内外比赛，1956年参加了在法国巴黎举行的世界女子排球锦标赛。1958～1960年改在国家青年女排队当副教练。

回想我为什么能够在新中国建国初期，从一个顽皮好动的女孩改行进入体育队伍接受专业培训，成长为国家级运动员，为中国女排做了一丁点铺路石工作，这与那些年在母校所受到的德智体美全面教育，以及敬爱的刘祖信老师对我的体育启蒙教学有很大关系，她给我打下了身体全面发展的基础，养成了我顽强拼搏的作风。

记得在上世纪九十年代，曾经到上海拜访过刘老师，共同回忆在校的美好时光，她才笑眯眯地告诉我，说我妈妈曾经问过她，用什么方法把我女儿如此着迷地吸引到体育活动中去？妈妈说，这孩子每天在家里拿着一团毛线球对着卧室房门上的小气窗刻苦地练篮球的跨踏跳三大步上篮动作。我回想虽然我可能没有进过班级的篮球队，但这个新奇的动作吸引了我对体育的兴趣。记得初中我好像参加过班级和校级的排球队吧。

刘老师在组织学校团体操训练中，从编排、操练直至表演，在烈日下带着学生操练，事无巨细，样样操心，常常弄得满头大汗，声音沙哑，也给我留下深刻印象。她带领球队要求我们有必胜信念，顽强拼搏，维护集体荣誉，不计较个人得失。这些都是我在国家队和八一女排队时坚守的品德基础。

此时此刻我和大家一样特别怀念刘老师以及中西所有的老师！她们坚持育人（品格）、育才双结合，让我和许多校友一样在日后不同的岗位上做一个真正的人，爱国并服务于社会的人。

确实“做一个真正的人”，这是母校教给我们的最重要的人生哲理。

曾记得有一次因犯校规，受到训育主任吴景昭训话：“对你们就是要从生活细节抓起，才能培养你们一丝不苟的好习惯……”由于老师的严格要求及循循善诱，不辞辛劳的付出，让我们懂得了树立正确的道德观念，就是要从生活细节做起，使我们知道尊师爱友，真诚平等待人，尊重他人。讲究文明礼貌，宽厚谦卑，不贪不占，坚守信念等美德的重要，做一个有高尚道德的人，要具备忘我无私的精神及素养，我们的知识及才干才能转化为正能量，“英雄”才有用武之地。

也许这就是中西女中的贵族之气吧！

1953 年是高校全国统考的第二年，我级同学大多进了重点大学。我们感激中西老师高水平的教育。语文、英语老师让我们很多同学写得一手好字！英语高考满分的同学很多，说容易极了！物理老师让我们班进交大的 23 人都有高分。地理老师的教育法也让我们永远铭记。回顾我们的一生，凡按照哲理做人办事具有良好人际关系的时候，亦是你“风调雨顺”的最佳时刻，我们每个人的人生阅历就是最好的见证。

如今我们都已将年届耄耋，是到了该总结人生的时候了。

我们中有著名钢琴演奏家牛恩德；有中科院力学研究所研究员顾小芸，她为国家的海洋石油勘探做出了贡献；有教授级高级工程师荣慧文，她参加了北京奥运场馆的设计工作，负责审查采暖、通风、空调方面的图纸，是北京钢铁设计院返聘的优秀高级工程师；郑企仁也是一位教授级高级工程师，她任职中华人民共和国电力工业部科技司司长；何祚蒨任北京重型电机厂电机工艺处处长，正高级工程师，负责发电机制造机械部分的编制工艺，并完成多项技术革新；徐惠芸交大毕业后在上海电缆厂贡献突出，评上海市三八红旗手，1981 年去美国后，在 York University 从事计算机工作到 75 岁；唐乙龙从清华建筑系毕业到内蒙古工学院，培养了大批建筑行业人才，桃李满天下；唐曙是上海有名的皮肤科专家；马圣清是北京大学第一医院皮肤科主任医师，博士生导师，享受国务院政

毕业50周年全班合影 (2003.11)

府津贴的专家。

母校让我们具有博大的爱心，林太琏将母校老师“助人为乐，扶危济困”的道理深深印在脑中，虽然身居海外，但心系祖国。从 1997 年开始去西北陕西省彬县资助希望工程，建造希望小学，2004 年甚至带着全家 16 个儿孙辈一起去，让他们感受祖国最贫困的西北地区对教育的需要。汪正阳报名参加抗美援朝军干校；顾开明 15 岁时就响应新中国号召参加了公安工作，以后又做了几十年的中学英语教师，退休后在上海市老龄大学又执教英语二十年；项粲兮一直热心于校友会工作，是校友团聚的组织者；林咏娴、唐曙、潘璐璐、林太琏等得知王敬英患晚期乳腺癌对生活失去信心时，立即给予精神和物质上的支持，使王敬英鼓起勇气接受治疗，延长了生命。居住在纽约的林咏娴每次回国都会代替郭静贞看望她的妈妈，说“妈妈是我们大家的妈妈。”这种无私的大爱精神不正是母校中西“*Love*”精神的体现吗！

（本文材料由李洁民组织，郭静贞撰写初稿，荣慧文、涂省、郑企仁、马圣清、林太琏、董愉、王六如、何祚蒨、林咏娴、顾开明、盛如佩、顾璇、陈芾青、黄竹筠等同学供稿，2015 年 4 月 13 日）

八年建成20所希望小学

1952年高二　林太琏

我自1943年进入中西二小，自三年级直至中学初中二，后随父母去了香港。

我自小受老师们又严格又慈爱的教育，老师们一再用简单的语言告诉我们要助人为乐，扶危济困。这些道理自幼都深深地印在脑中。

我现在移居澳大利亚，我丈夫李崇仁(Bill)早年就参加扶轮社(Rotary International Inc)。扶轮社是不论种族、文化、信仰的非政治、非宗教性的世界慈善机构。

90年代，当我们看到中国经济，科学发展开始收到实效，感到无比的欣慰和自豪。我的丈夫也想为振兴中华出份力，就想从教育着手，兴办学校，以提高人民的文化水平，走富国强民的道路。

1997年Bill任悉尼内一区的扶轮社主席，他希望在北京中国国际交流协会支助下参与扶贫项目，不久因交流会的邀请，我俩赴陕西省彬县做实地考察。

林太琏全家和澳洲扶轮社在陕西彬县建了20所希望小学

林太琏在陕西彬县

林太琏资助的希望小学落成典礼

彭敏英小学落成典礼

我们去医院、去学校参观，我们看到的几所小学校舍、墙、泥土地及屋顶就要脱落下来，又漏水，课桌椅残缺，也没有足够的书本和教具。于是我们决定帮助学生。

陈贺枝小学落成

回澳后我们决定为祖国的普及教育和人才培养提供资助，自 1998 年至 2005 年，我们自身并动员扶轮社成员先后在彬县出资建设了 20 所小学校舍。

第 19 所在史家河村，是在 2004 年 4 月带领全家 16 人去彬县旅游，小辈们看了很不安，同意我们自己送一所，我们以为这是最后一所，回澳后，会员又有资金再建一所——最后一所第 20 所。

李崇仁小学是第 19 所落成的学校。

如今彬县农村面貌大大地改善了，我们终于欣慰地看到了中国兴旺昌盛的美好前景。

母校开启了我自强不息之门

1950年初三　聂崇实

1947年秋我由中西附属第一小学直升入中西女中，感到十分幸运和高兴。我是1942年插班进入中西第一附属小学三年级。当时正值日寇侵略，上海沦陷，第一附小江苏路校园被日军占领，被迫在地丰路（现名乌鲁木齐路）上的一个小教堂作为临时校舍。教堂的大会堂用布帘隔为四间教室，由三到六年级四个年级授课，又分为上下午班，可容多一些学生。在这样艰苦条件下，我们的老师非常敬业，使我们得到很好的教育。由于校舍很小，也谈不上校园，所以学生活动范围很小，只限于家庭和校舍，处于半封闭状态。1945年夏抗战胜利了，第一附小在1946年迁回江苏路原址，我已上六年级了。我们常常趴在小学的篱笆边遥看中西女中的校园一角，前面是体育馆，左边是爬满常青藤的外国老师宿舍，以及楼前的草坪和池塘，多么温馨美好，那就是我神往的中学。

中西校园心中永恒的记忆

当我成为中西女中的正式学生时，我看到了校园的全貌，我为她的美丽和精致感到惊喜。学校大门很朴实，进门面对一排高大的冬青树屏障。左转不到一百步眼前豁然开朗，校园全部展现在眼前。左侧是一个荷花池，池的上方架子上爬满了漂亮的紫藤花。荷花池的东面是四层歌特式精美庄重的教学楼，北面连着镶嵌古典彩色玻璃窗的礼堂。教学楼正面对着如茵碧草的大草坪，东面是另一座四层楼的生活和辅助楼，同样精致美丽，面对另一片小草坪。两座楼交相辉映浑然一体成一幅美丽的画面。我庆幸我将在这美丽的校园中接受教育，开启我生活新的一页。

当时初一年级分为两班，每班约40余人。教室宽敞，采光也很好，教室内柚木地板每天都打得铮亮。教学楼里每天有数百人出入和上下，但即使下大雨楼道里也从来看不到泥水脚印。学校并不要求我们打扫教室，只需在课间擦黑板。如画的校园和整洁有序的教学环境，无形的熏陶提升了学生的品味与人格。在校几年中从未看见大草坪被踩坏，校园里地上没有垃圾和纸屑，更没有大声喧哗或争吵。中西的学生家庭大多比较殷实，但从不见学生在校园中任意吃零食，住宿同学有固定的时间和房间用点心。同学们衣着大方，校门口很少有私家小汽车接送学生，没有同学炫富。同学间关系和谐友好，不以贫富分群。

聂崇实

中西女中曾是基督教会资助的学校，有信仰基督教的传统，但尊重学生信仰自由。学校允许当时社会进步思想在校内合理传播。学校里有健康活泼向上的文化氛围，倡导高雅艺术和文化。学生自己经常演出歌唱、钢琴演奏、舞蹈节目、演讲比赛。最传统的是每年高三毕业班演出一次大型话剧，不仅丰富了校园生活而且锻炼了学生参与文化活动的技能，而且在社会上也很有影响。学校还请知名文化人来校传授，我就曾在学校礼堂里聆听了当时才回国的歌唱家周小燕的演唱会。在这种氛围下中西女中不仅培养了大批优秀的各行业专业技术人才，而且还造就了多个知名的钢琴家，演员和导演等文化艺术人才，如顾圣婴，牛恩德，夏梦，陶立玲等。

严格而又宽容的课堂教育

中西为国家和社会在各个领域培养了无数优秀人才，首先归因于她拥有很多优秀的教师，其次是学校严格的管理制度。学生进入校门后不能随意出校门，放学前由班长到教务处办公室领取全班同学离校卡，卡上有学生姓名和分班，凭卡出校门。假如学生某些课业需要特殊辅导或其他问题，就会留下卡片，待老师将问题处理好之后才能离校，这就是俗称的“关夜学”，学生们戏称“吃大菜”。学期中间如果学生的成绩不够好，教务处会用书面信件向家长提出警示，要求对学生多加关注，这就是俗称的“警告信”。这些制度说明学校对每个学生的关怀和负责态度。

虽然教师的课堂教学是很严格的，但课堂里的气氛是很平和愉快的，成绩后进的学生也并不会感到压力。我是直升进入中西初中的，小学毕业时我的学业成绩处于平平的中庸状态，并且缺乏自信和进取的精神，我在初中的学业起步也就是平平的。所以我也曾是享受“关夜学”和领受“警告信”的学生。在中西的初中阶段，老师们的启发式教育开启了我认识自己潜能的窗口，引导我走向自强不息奋起人生的大门。有几位老师对我的学业和人生有过深远的影响，使我永远心存感激。

数学成绩能达到优良了

初中课程内容较之小学更加丰富，数学有平面几何和代数，还增加了物理等课程，对学生来说是个转折。初一时教我们平面几何的是毛丹林先生。她矮胖身材，老式的衣着，操上海本地话口音，透着慈祥。毛先生用硕大的木三角尺在黑板上工整地画上几何图形，讲解图形与数学的关联，层次分明很容易被我理解和接受。我的几何学成绩明显提高，能达到优了，这给我很大鼓舞。在毛先生的启蒙教育下，我之后进入高中在学习立体几何和解析几何时，都感到举一反三，轻松易掌握。

终生难忘的一道物理题目

教授物理课的老师徐尚均先生对我有深刻的影响。她瘦高个子，戴玳瑁色细边眼镜，温文尔雅的学者风度，讲课也是慢声细语的。徐先生与同学之间关系非常亲和，没有拘束。记得我每天早晨上学总沿着愚园路步行到江苏路，偶尔，徐先生也正坐了三轮车去学校遇上我，她就叫三轮车停下，把我带上车同去学校。有一次，我们班的钢琴天才牛恩德在兰心大戏院举行独奏音乐会，我们都得到入场券，会后我们在深秋的暮色中一同步行回家，至今记忆犹新。

徐先生教授的物理课是初中的一门新课目，一开头就是牛顿力学，初学的人会感到抽象不易理解。徐先生对物理现象，概念，定律到公式推导讲得十分清晰。每堂课都有演示题，布置回家作业帮助消化课堂讲解。有一天课堂讲授自由落体运动和重力加速度，下课前布置了回家作业，交代说其中有一门题目需要有些思考来解题，要求大家试试。

我至今还清楚记得六十几年前的那天晚上，家人都入睡了，夜深人静；我复习了白天物理课讲的有关重力加速度的理论后，对这个题目作了很认真的思考并作了解答和演算。一般来说初中的习题答案常常是整数结果，但我的计算结果不是整数，不免对自己的演算产生了怀疑。经过反复思考和计算，觉得对自己的结果有信心，答案是正确的，才收工睡觉。第二天有物理课，徐先生问同学们谁解答出了那个题目？当时教室里有两个人，我和另一同学举手表示做出来了，徐先生对我的答案表示肯定。我心中异常欣喜，这是我第一次尝试经过自己的努力得到成功的喜悦。一般说以前这种课堂场合是不可能轮到我举手的，但就是这一道很普通的回家作业题，打开了我认识自我的窗口，找到了“自信”这把钥匙，我也有可能成为优秀。那天夜里我尝到了用认真思考的态度对待学习的甜头，也许就是我在学习态度和方法上的一个新的转折点；由“照搬读书”到主动的“思考读书”，由被动的“要我读”到主动的“我要读”。这是从徐先生的课堂里得到触发而迈出的第一步。

经过几年努力，1953 年我高中毕业参加全国统考，以高分被复旦大学化学系录取，当时是化学系 150 名录取新生中的最高分。说明我坚持“勤奋，思考”的学习态度和方法已经得到巩固。在复旦化学系学习的四年里，我曾两度评为校级“三好优秀学生”(身体好，学习好，工作好) 和上海市优秀青年团员 (当时还称为中国新民主主义青年团)。1957 年我以接近全优的成绩毕业，即被中国科学院上海有机化学研究所选定接收参加研究工作。

体育教我超越自我

体育老师刘祖信先生是另一位对我影响很大的老师。刘先生中等结实的身材，精力旺盛。她是我的同乡湖南人，但是她讲一口上海话。刘先生十分敬业于体育教育。她把学生当自己的孩子，上课时总叫我们“小囡……今早教倷三步上篮……”，非常亲切。体育课本是辅课为什么会对我产生大的影响呢？我本来是“体育盲”，从来未见过体育馆和体育场，以为体育只是玩玩而已。刘先生的教授很有启发和吸引力，她亲自示范，耐心手把手教我们篮球的基本动作，运球，上篮和定投等，还和我们一起站圈练习排球的基本技术，垫球，救球和发球等。还组织部分同学课后到体育馆参加练习。在刘先生的精心培育下，我们年级产生了好几名优秀的运动员，如朱亚爱，汪兴华是优秀篮球运动员；王六如是“八一”、“国家二队”、“青年队”队员；方绮玮 (54 级) 也是上海市排球优秀运动员。她们中有些还成为优秀的体育运动领导人。朱亚爱退役后曾任上海市体委副主任。王六如曾任“八一”排球队教练。

在刘先生启发式的教育下，我发现自己还真有些体育潜能。我原来并不好动，在刘先生体育课的引导下，我对有些体育项目还能有所表现，而且喜欢上这种有竞争性的活动。刘先生把我这个“体育盲”，居然变成了“体育忙”。在学生时代我一直是多种体育项目的活跃份子。高中三年中我一直是上海中学校篮球队队员。复旦大学四年里，我也是校篮球队队员。我的学业和学校社会工作再忙，我都坚持课后体育锻炼，跑圈，打篮球或参加田径运动，甚至上床后还要来几下仰卧起坐。我经常活跃在田径场上，高中时我曾代表上海市郊区学校参加上海市第一届运动会 (1953 年 9 月)，获得 200 米跑竞赛第二名。在复旦大学四年里，每年校运动会我都参加多项田径比赛，200 米跑，400 米跑接力，80 米跨栏，和跳远等，都能取得第一名，连续三年保持全校女子组个人总分第一的好成绩。我并不是专业运动员，但体育运动超越自我，勇于挑战的精神也影响了我的性格，由少年时懵懵懂懂的中庸之道无所追求，变为自强不息，勇于奋斗来面对学业和工作。

终生学习的科研之路

我很幸运，中西初中时代开启了我的学业启蒙之门，在我日后的生活中这条学习道路一直得以延续。1957 年夏大学毕业，我被选派到中国科学院上海有机化学研究所工作，走上了一条终生学习科学研究之路。我被指定从事红外光谱法解析有机化合物分子结构的工作。我很珍惜并热爱这个工作，虽然这方面的知识在大学里没有学过，更谈不上实践。20 世纪 50 年代末我国处于国门封闭状态，与西方国家基本没有交往。二战后期特别是 40 年代末，西方国家在红外光谱测试技术取得了突破，使之广泛地应用于有机化合物分子结构的解析，成为当时化学研究的热门知识和技术。直到 1958 年我国从当时的民主德国 Zeiss 公司引进了五台红外分光光度仪。上海市唯一的一台就是上海有机化学所购得的，我也就是为此而招来。在所领导和长辈科学家的支持下，我秉承了“勤奋，思考”的学习态度，边学习有关书刊知识，边实践掌握红外光谱测试技术，逐渐进入了角色。

我是新中国成立后第一代从事分子光谱 (红外和拉曼光谱) 科研工作者之一。我们赶上了中国发展科学的大好时机。我参与和推动了在有机所内普及应用红外光谱方法。虽然当时很年轻，才参加工作不久，我就有机会在上海市科学会堂由上海市化学化工学会组织的报告会上介绍红外光谱在化学研究中的应用，受到广泛关注。我们也为上海市各行业，工业，科研以及公安部门等提供了测试服务，受到广泛关注和欢迎。我还主动为本所的国家重大科研项目和国防任务提供了研究和测试方法，为之做出了贡献。即使在“文化大革命”的动乱年月，我也没有停止过自己的努力。上海有机化学所的历届领导对我的工作给予了充分肯定。我参加工作三年后 (1960) 即被提升为助理研究员 (相当于讲师)。“文化大革命”结束，国家步入正常轨道后，我于 1982 年就被提升为副研究员 (相当于副教授), 1989 年提升为研究员，教授，硕士研究生导师。其间我曾参加中国科学院组织的“结构化学代表团”1978 年赴法国访问三周。1982 ~ 1984 年由中国科学院派往西德，以访问学者身份在 Bielefeld 大学和马普固体研究所从事合作研究。1991 年参与中国科学院与“日本科学促进会”(JSPS) 的合作项目，由日方资助在日本国作一个月的分子光谱学研究交流。在日本的几所大学和研究机构 (东京大学，大阪大学，京都大学，早稻田大学，关西学院大学和神奈川科技院等) 作本人研究工作报告和参观交流。

聂崇实与1953届同学聚会

我在有机所从事分析测试技术辅助有机化学研究， 还参与了多个研究或开发项目。曾获得国家创造发明三等奖，和中国科学院重大成果二等奖等奖项。曾独立申请并获得批准两项中国专利，和独立申请和获得四项国家自然科学基金的支持。在国内外学术刊物上发表论文 36 篇。

当我进入耄耋之年后，回头看走过路，有多少成与败，曾经的机遇和挑战，都已渐渐淡出。但是有幸在中西受到的启蒙性教育，它并不光是课堂知识，而是教育你如何自立，做个肯奋斗求贡献的人，永远心存感激。当年我并不是个优秀的好学生，毛丹林先生的平面几何和王文珍先生的代数启蒙，徐尚均先生布置的那门小小的题目，打开了我自信和自强的窗口，那种欣喜和影响，一辈子从未淡忘；使我懂得只要努力，我也能变成优秀。对中西的回忆是五彩缤纷的。我曾经到过国内外多个美丽的校园，但闭上眼睛中西的校园总是首先呈现在眼前，她是最美好和精致的永恒记忆，她不仅是美丽的画面，而是对我有深深影响的美好岁月。祝愿母校中西万古长青!

(2015 年 5 月 5 日)

中西校训Live, Love, Grow对我一生的引导

1950年初三　苏尚煜

我小学一年级进入中西女中第一附小到念完初三，中西第一附小和中西女中是在同一个校园里，我在那里一共生活了九年，后因随父母迁家到南京才离开上海。在中西的九年我渡过了一生中最快乐的童年和少年时光，学校为我打开了知识的大门，奠定了我一生的知识基础及为人之道。

小中西从三年级开始学英语，其实在一年级时我们就会唱一些简单的英语儿歌，如 *London Bridge's Falling Down* 之类，边唱边做游戏。我们早早就学会了像 rabbit, squirrel carrot, mushroom, Mary-go-round 等英语词汇，一生都不忘记。初一开始读原版 *Heidi*，那时我们就可以用英语写信(尽管有很多语言上的错误)。初中时我数学不好，常常要补考才能通过。到了南京，我考入南京有名的，教学质量很好的金陵女大附中。中西是 70 分及格，而其他学校都是 60 分及格。所以换了学校后我觉得门门功课都容易得很，英语就更不用说了。英语老师看了我的入学考试卷，又看到我在看原版小说《金银岛》(*Treasure Island*), 他同意我免修英语，只参加每学期的期末考试，我每次都考 100 分，我成了班上的英语课外辅导老师。高三毕业时，我想考理工科，但父母，同学都希望我学外语，老师也出面动员我发挥我的特长考外语，我勉强最后一个志愿填了外语，结果很无奈地考进了南京大学西语系。在英，德，法三种语言的分班考试中，英语分数高的进英语班，我进了英语班，到那个时候我才因高中三年没学英语而后悔莫及，如果不离开中西女中该有多好!

苏尚煜

毕业分配时我分到轻工业部当翻译，后因轻工业部的下属轻工业学院需要英语老师就把我调去教课。中西培养出来的学生英

苏尚煜(1998)

语基础好，语音纯正，张口能说，下笔能写，这对我从事英语教学非常有利。 六七十年代的理工科大学生英语水平很低，他们学的是聋子英语和哑巴英语，既不会听也不会说，我就提出上英语课时，老师，学生都用英语听讲并进行交流，虽然在实践过程中困难不小，但经坚持终于取得了一定成效。1996 年 *China Daily*（中国日报。我在该报社兼职）和轻工业学院联手派我去美国参加当代国际上流行的英语教学法——交际法 (Comunicative Methodology) 的培训，并参加在芝加哥举行的 TESOL 会议，即英语作为外语教学的世界教师年会。会后我把先进的交际教学法，以及一套非常好的交际法教材 (INTERCHANGE) 引入到国内，并推广使用，受到学生们的极大欢迎。我三次获得学院的“优秀教师”，“教学质量优秀”，及“优秀教学成果”奖，并于 1992 年得到政府颁发的特殊津贴。

在我念高三时，有一次几个同学聚在一起聊天，谈起“人为什么活着”。有一个同学说：“妈妈把我生下来，我没被车压死，我就得活着。”我觉得这样的生活理念似乎太消极了些。我想起了中西的校训：Live, Love, Grow，这三个字应该有机联系起来，人活着不仅要爱自己，还要爱别人，还要不断成长进步。我一个人能力有限，生活圈子也很小，我能做些什么？从那时起我就给自己定下了一个座右铭：“我活着要使生活在我周围的人因为我的存在而得到一些方便。”这个座右铭陪伴了我一生。回顾这一生，我桃李满天下。 我看到我的学生因为我传授给他们的知识使他们在国内国外的生活和工作中得益，非常高兴。我业余时教的一个中学生，她在中美学生暑期交换活动中住在一个美国家庭里，这个家庭的主人对这个学生能说如此流利的英语，懂得英美国家的生活习惯，甚至了解一些基督教方面的知识（我曾让学生读些英语版的圣经，用英语复述一些圣经里的故事）感到十分吃惊。他们给我写了一封信，信的最后一句话是；“…You have done an excellent job teaching her”。

我今年已经 80 岁了，回顾我的一生，从在中西时的幸福童年和少年到今天步入老年，我都生活得很充实，很愉快。我是一个再普通不过的英语老师，对国家，对社会没有做出什么杰出贡献，但是我要感谢养育和培养了我的父母和我的母校老师们，是他们使我在回首往事时还不至于因碌碌无为而悔恨。

牛恩德[①]难忘的中学时代

1952届　牛恩美

牛恩德 1934 年出生，1946 ～ 1950 年，她在中西女中读完初中。这段时期正好是女孩子青春发育期，生理和智力都在飞跃式成长，她幸运地进入了中西女中这样一个大花园！校长和老师都是高素质的辛勤园丁，周围同学们都是高质量有教养一心向上的好学生；恩德这棵小小的幼苗在这里吸收到了充足的养料和关怀而得以茁壮成长，并且在音乐艺术上取得了骄人成绩。强烈的进取心让恩德对自己提出了更高要求，她要以自己的琴艺为祖国争光；在进入中西高中一年级之后，她提前报考了上海音乐学院，加速了在艺术上的成长与提高。但是中西这段美好的时光让她终生难忘一生受用不尽。她对母校的感恩之情是真挚的，2008 年六月她特地请校友彭琴女士将她留在上海的一台崭新钢琴赠送给市三女中（前中西女中），并亲笔写道："琴声寄托着对母校的感恩和思念。牛恩德 2008 年 10 月。"这台钢琴曾于不久前举行的市三女中校庆时在小礼堂展出。

牛恩德性格活泼开朗，平时除了弹钢琴和学校的课程外，她还参加合唱团，上台演话剧，十分活跃。她也善交朋友，除了同班同学之外，她还有高年级的好朋友，高班同学缪雪如送给她的临别赠言和照片，她一直保留在身边直到去世；同学盛茵，上海知名乐团的钢琴家是她的琴友，多年来一直保持着联系，圣诞节几次寄来全家福照片；恩德与朱昌平是同学但不同班，但都爱好音乐，她很欣赏恩德的琴艺，每次恩德开音乐会她都去参加，昌平在同济大学肄业二年后再考入上海音乐学院，毕业后留校任教，学生桃李满天下。

---

① 牛恩德博士(中西1951届初中)，美籍华裔女钢琴家。其父牛惠霖长期任上海仁济医院院长兼外科主任。宋氏三姐妹是牛恩德的表姑妈。1957年牛恩德离开上海去英国，在伦敦音乐学院和皇家音乐学院学习，后转赴美国辛辛那提大学音乐学院获钢琴和音乐教育硕士学位，音乐艺术和音乐史博士学位，成为一名钢琴家。1961年，她在英国最大的皇家艾伯特音乐厅建厅90周年时，为英国皇太后表演。1965年获"青年艺术家"殊荣。近40年来，她先后在亚、美、欧各地多次举行演奏，热衷向西方观众演奏中国民族音乐。被誉为"东西方文化交流的使者"。

牛恩德

2008年她从以前的学生，上音教授杨韵琳处获悉恩德的健康情况以及牛恩德奖学金的事，百忙之中从多伦多飞到美国的最南端佛罗里达探望恩德，两人几十年不见依然志同道合，恩德非常兴奋和激动，在相聚的一两天内，她们日以继夜地交流在音乐事业上的经验和心得，并提供宝贵的意见和劝告；分手前昌平又帮她处理了一些搁置了几十年的事务；恩德说，这给予她实际上和精神上的帮助支持是无法估量的。两年后朱昌平和汪容生再次去看望她。2012年恩德去世时昌平特地为她写了悼词送了花篮，并请人在葬礼上宣读了悼词，赞扬恩德坚强的意志和对音乐事业的执着；她们之间的友谊真诚可贵。

恩德在中西和老师们的关系也很不错。即使到了老年，中学老师们的名字，音容笑貌依然在她的脑海里回旋；有时也会讲给亲朋好友们听。如薛正校长，老师有张小如，毛丹林，王凤贞，王彩娟、王霭娟，刘祖信，吴景昭，OK李等。她最喜欢的是曾黄友黻和徐尚均两人。

曾先生是曾国藩的孙媳妇，家庭背景已经让人肃然起敬，她严肃端庄衣着淡雅走坐端正，庄严之中略带温和微笑，一派知识世家的高尚风度，让学生喜欢她而不是望而生畏。她学识广博，既教古文也教白话文，读起古诗来有音韵节奏。课堂之外她也组织国语演讲比赛，指导学生上台演话剧等。学生在她的指导下，公认以英文特别突出的中西，中文也同样出色。恩德很喜欢上曾先生的语文课，学到的中文为她以后在傅雷先生处的提升打下了扎实基础。音乐和中国文学是相通的，恩德有超级的理解和想象能力会举一反三，融会贯通。同样表现在音乐和作文方面。曾先生很喜欢恩德的作文，好的句子上用红笔圈圈点点，有时在班上念给同学们听，有时则选贴在墙报上；这对恩德是极大的鼓励，促使她格外努力，她与曾先生之间的关系也比其他同学更亲密。她们心灵相通，经过中国几十年的各项运动之后，改革开放让她们又有机会重逢，曾先生有小辈在国外，他曾几次到恩德家做客，并通信来往。恩德多年在外，中文生疏了，曾先生看了她写的材料帮她认真修改，还为她列下了自传提纲，俨然已从师生关系提升为挚友。

牛恩德在英国留学

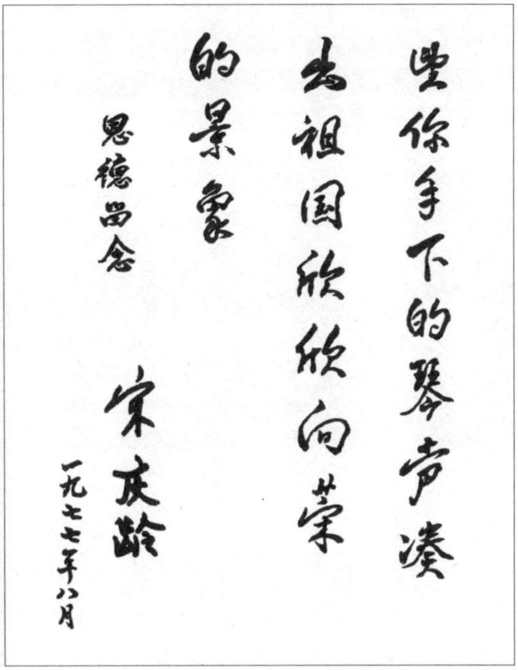

宋庆龄给牛恩德的题词

徐尚均先生初来中西的时候给同学们的印象是身材修长，每天都换穿合身的旗袍；她仪表端庄气质高雅与众不同，是大家心目中的偶像。再加上她优质的教授学识广博更是令人又敬又爱，她为人和气关心同学，师生关系非常融洽，同学们都很喜欢她。多少年后许多她教过的学生天南地北都和她保持着联系，牛恩德就是其中之一，而且其亲密关系更进了一步。认识和关心牛恩德的人都熟知她有一位可敬的干爸爸傅雷先生，在她成长过程中起着重要作用，可很少有人知道她还有一位干妈妈，她就是中西女中教过她的物理特级教师徐尚均先生。在校期间恩德特别喜欢徐先生，徐先生也很喜欢她，彼此间建立了深厚友情。恩德离校后虽然减少了接触，但恩德还是会不时到徐先生家探望。1957 年恩德出国后她们断了联系，但心里一直相互挂记着。

冬去春来，几十年后恩德终于有机会回国了，但那时大家都很谨慎，不敢随意探亲访友；直到几年后恩德受到邀请回国开音乐会，才和徐老师取得了联系。她们久别重逢，有说不完的话要交流总觉得意犹未尽。恩德最后一次来华，徐先生邀请她住到家里一个多月，两个人亲密无间。徐先生没有女儿，对恩德无微不至地关怀照顾。牛恩德艺术家

牛恩德与傅聪

上海音乐学院牛恩德奖学金颁奖音乐会

的情怀热情奔放，有人如此疼爱她，让她情不自禁地投入到了慈母般的怀抱里。两人的共同语言是："一个人若爱人和被人爱就是最富有的人！"她们感情深化由师生到挚友升华到情同母女。但世上没有不散的酒席，分手后两人相互思念，通信通话，期待着再一次欢聚。1997 年 3 月，恩德发出了邀请信，做了经济和医疗担保，热情地邀请徐先生来美国跟她同住一段时间。七月徐先生成行，她们在美国再次相聚。这时两人一个是好妈妈，一个是好女儿，一起度过了特殊温馨美好的大半年时间。她们一起外出旅游，一起休闲娱乐。在家时好妈妈不停地操劳，她年龄大了身体又不太好，还要教恩德做中国饭菜，教她洗衣服要分门别类，给她缝缝补补；她还用红黑相间的绒线给恩德结了一条大绒线毯，帽子手套围巾就更多了。好妈妈除了在生活上照顾她，更重要的是她们心灵相通，可以无忧无虑闲话家常，感受亲子间的祥和温馨，体验一起生活的无限幸福美满。

徐先生年龄增长眼力不好，她们分别后商定不多写信，生日节假日通个电话问候就好，但是好妈妈好孩子永远都放在心上，直到 2012 年 3 月 26 号徐先生辞世。徐先生她还是很有福的，去世时倒在儿子怀抱里，丝毫没有痛苦。恩德听到徐先生逝世非常伤心；几个月后她也病重不治，于 10 月 5 号走了。中西女中的一对知音知己的师生从此告别人间，各自安息了。

（本文节选自牛恩德的姐姐牛恩美所著《美籍华裔女钢琴家牛恩德博士》第三章"难忘的中学时代"）

集体的回忆

1952年高一　杨继璐　罗恒德　胡东兰

1948 年 9 月 1 日，一个阳光灿烂的日子，我们兴高采烈走进中西女中的校门。我们中有的是由中西小学直升中西女中的，如杨继璐、颜蕙、颜芙、罗恒德、乐英、乐华、龚正诤、申兆聪等人，有的是外面小学推荐的，如振粹小学、觉民小学，还有外面考进来的。凡外面来考的，大多压一二级，进特级一或特级二班，中西规定 70 分及格，这样学生程度不会差别太大。

中西女中的校园很大、很美丽，像花园一样，尤其是那四周由太湖石做围栏，上面架着葡萄藤的荷花池，我们更爱去玩。那时我们都是十二三岁，正是蹦蹦跳跳爱玩的年纪。1949 年近 12 月底的一天，我们早在前几天的报纸上看到了亚洲妇女代表大会在北京召开的消息，那是新中国成立后的第一个国际性会议。那天我们听说国母宋庆龄会到学校大礼堂来，参加出席亚洲妇女代表大会的部分代表和上海各界妇女见面的大会，我们便想去见一见宋庆龄。下午放学后，杨继璐就和颜蕙两人到荷花池边上的水泥路上玩垒球，边玩边等着宋庆龄一行到来。下午四点多钟，我们看到从大门口进来了一群人，有我们认识的演员，如当时的评弹皇后范雪均，有电影演员上官云珠，周湘君等。又过了好多时间，大约到近五点，又进来一群人，其中有宋庆龄，她穿着深色长大衣，盘头，面孔雪白，非常慈祥，美丽。她的女秘书走在她旁边，剪平头发，穿着当时流行的列宁装。我们看得惊呆了。颜蕙想到要请宋庆龄给我们签名，便上前去和她的秘书说，但是被她的秘书婉拒。当时人很多，还有上海市的领导等人，我们被旁边保卫人员推开了。时间只有短短的二三分钟，我们也没有照相机，没能记录下当时的那个场景。但是尽管如此，我们仍很高兴，因为我们看到了国母宋庆龄。后来我们得知等在大礼堂门口的赵无宣等同学有幸让宋庆龄在笔记本上签了名，我们很羡慕。听说宋庆龄也是中西女塾的校友，只不

1954届参军的5个同学

过她读书的时候中西女塾在现在西藏路汉口路转角的沐恩堂位置。这是我们终生难忘的一件事。

记得那时大礼堂里活动很多，学校曾请周小燕老师来中西唱歌，礼堂里坐满了同学和老师，她每唱一首歌，台下掌声不断，她就再唱一首，我们记得加唱了近十首，以后我们就称周老师为观音菩萨，有求必应。我们还在礼堂里看过话剧《孔雀胆》《堂棣之花》《秋海棠》等的演出，那都是高三毕业班的学姐们演的，那时我们可能还在小学六年级。有一年高中同学演出《万世师表》，抗战时期知识分子清贫自守的节操感动了中西的师生。导演是语文老师黄友黻(曾国藩的孙媳妇)，朱昌平同学女扮男装演主角。大礼堂里还举行过为抗美援朝捐献飞机大炮举行的义演，由我班同学谭荻茜的姐姐谭露茜(其父为著名音乐家谭抒真)来弹钢琴。

高大的礼堂功能很多，记得每周星期三是做小礼拜的(全校学生都参加，包括多数非基督徒学生)，总有"奉献"一节，那实在高雅。优美，圣洁的钢琴乐曲声中，两个女同学各持一个红色金丝绒口袋，让我们奉献爱心，帮助贫苦的人。还记得有一次做礼拜时，牧师讲道，他见一车夫拉车上桥上坡很吃力，于是帮助推车，一面祷告"上帝助我一臂之力"，于是车就推上去了！我们都有助人为乐的好习惯。所以以后当我们有权发电影票时，总是将边上的位置留给自己的。

我们还记得有趣的复活节活动，是西方的宗教节日，我们提了篮子，两人一对去大操场，龙墙边找彩蛋，都是老师藏在那里的，还有圣诞节的烛光崇拜；情人节送卡片以示友谊；10 月 31 号万圣节装扮成各种鬼怪，讨糖吃；感恩节的礼拜，等等活动。因为是教会学校，有这种活动。

我们预备班时在五一大楼上课，初一就在五四大楼了。记得一年级时有劳作或家政课，一块布上学做各种针脚，还做个洋娃娃。高年级有时装表演，让我们知道，胖人不适合穿横条子，瘦子不适合穿竖条子。

我们读的英文书是在图书馆里借的，期末归还。所以至今养成不在书上涂写的好习

妹妹参军姐姐送

惯。初一读 *Heidi*，初二读 *Hans and Greta*。后来批判亲美崇美，不能学《小妇人》一类，上课学翻译 People's liberation Army, Chinese People's Volunteers 抗美援朝等。1951 年我们开会欢送外国老师离校回国，薛正校长说："× × 因为家中有事……所以不是因抗美援朝回去的。"薛正校长说话的水平之高，真可佩服！

有一年图书馆老师叫我们几个学生到福州路三联书店去帮图书馆挑书，使我们十分过瘾。图书馆的新书放在外面展示一周，在此期间可以放学后借，次日上课前还。于是我在周六放学后借，回去拼命看，看完后周一上课前归还。

中西女中有很多很好的老师。

教数学的毛丹林老师，作业簿用回形针夹住做好的一页，拿起就能批改。下课前几分钟叫"纸头拿出来"，那是只有几分钟时间的小测验，以训练我们的快速思考能力。发回的卷子上没有分数，角落上标的是交卷顺序，记分册上大概还记有别的。除此之外，还个别指出每人的特点、缺点，如"你粗心……"，诸如此类的提醒。

全班欢送黄兆芝和王汝静参军

还有王薇贞老师，她也是我们的数学老师。我们还记得她上课时的姿态，略施粉黛，衣着高雅，讲起课来娓娓动听，逻辑性很强。她讲课深入浅出，不知不觉中一个大定律就引出来了。她的讲课如同她的人一样精致，上她的课是很大的享受，我们都非常喜欢上她的课，但愿能一直坐在她的课堂上听她讲课。

谢芳蓉老师的地理课上得太棒了！她讲祖国的大好河山，名川大江，治淮工程，佛子岭水库，有声有色，讲得我们热血沸腾，为祖国自豪。中国地理测验是填一张空白中

在香港的1952年高一校友合影

国分省图，世界地理测验是填一张欧洲地图。现在我们看电视或翻译小说时还有查阅世界地图或中国地图的习惯。现在看电视“小强填字竞赛”中，匈牙利首都布达佩斯，意大利亚平宁半岛，巴拿马运河，这些我们都能脱口而出的常识，选手们答不出来，他们肯定没有遇到过像陈宝琪、谢芳蓉这样杰出的老师。后来就有我们的班长报考了水利工程，为水利建设贡献了青春。胡东兰进入大学后，头两年的基础课程很重，但是她并没有废寝忘食，筋疲力尽地学习，而是游刃有余，有几次考试，全班唯一的一个满分就是胡东兰。她从不开夜车，周末回家也不带功课。这是由于在高中时打下坚实的数理基础使她能这样在学习上得心应手。毕业以后，她设计了应用于陕西省首座渭河大桥，以后又多次应用在汉江上。延河上的公路大桥上的予应力30米跨径简支梁的设计、计算、工程详图以及各个大桥的总布置图的绘制，桥墩为钻孔灌注桩，这在当年都是新技术。她很庆幸，是谢蓉芳老师激发了她的地理兴趣，使她能为陕西省的公路事业做出一点贡献。

还有杰出的体育老师刘祖信，培养出上海有名的篮球队员周戟、宁卡洛、朱亚清、吴淑仙等，在清华大学大出风头，打败清华校队。方绮纬为解放军八一篮球队总教练。每年的国庆游行和全市性的运动会，几个女中联合在人民广场表演团体操，穿黑色灯笼裤，刘祖信老师指挥大显身手。我们都为她自豪。

1951年中西女中开展轰轰烈烈的抗美援朝，保家卫国教育运动。我班那时已是初三，有很多同学报名参军参干。有胡曜云、奚玉梅、方绮纬、黄兆芝、孙树荃、沈蓓、沈佩英、许嘉瑾、陆维娴、边肇贤、王品君，共11人。

胡曜云参军到过朝鲜前线，立过三等功；奚玉梅参加北上文工团，曾在“曙光照耀着莫斯科”话剧中出演一老太婆，因为她身材较矮；方绮纬参军后任山东省部队女篮教练，师级干部；黄兆芝参加空军，后转业考中国石油大学，在大庆油田40年，有杰出贡献；孙树荃现在是香港中西校友会负责人。

我们都在母校生活了六七年(因为还上了一年初中“特级班”)。母校为我们人生观，道德观的确立，品格的形成，学业的进步，能力的锻炼，体魄的健全奠定了极为良好的基础。我们永远感恩薛正校长，她倾注心血，领导有方。永远感恩可敬可亲的徐尚均、刘葆宏、王薇贞、宋梦芹等多位老师，是她们为我们的成长保驾护航。感谢您母校!

本文综合杨继璐、罗恒德、胡东兰、王汝静、颜蕙等提供的资料。

(2014年12月17日)

凄美而闪光的人生
——记顾圣婴校友

于小轶[①]

她是那么年轻，年仅19岁已在第六届莫斯科国际青年联欢节钢琴比赛中荣获金奖，是新中国成立以来，中国人在国际音乐比赛夺得金质奖章的开拓者。四十多位评委一致认为她的演奏“是一个奇迹”，次年，她在三十六个国家百多位选手参加的第十四届日内瓦国际音乐比赛中又荣获女子钢琴最高奖（与男子最高奖获得者并列），在西方音乐界引起强烈反响，全欧转播了颁奖音乐会的实况，27岁的她在比利时伊丽莎白皇太后国际钢琴比赛中再次获奖，成了一位具有国际影响力的女钢琴家。她是那么年轻，年仅29岁却在“文革”中与她的母亲和弟弟合家含冤自尽．她就是我校校友顾圣婴——一位新中国建立后成长起来的年轻而富有才华的女钢琴家。

对于成功的艺术家来说，艺术是生活的再现，是一个人生命的灵魂。我翻着《中国钢琴诗人——顾圣婴》一书。书的封面上一个短发清爽的女孩子正在优雅地弹着钢琴，用着很专注的神情。音乐家们深情的追忆，顾圣婴的赤诚独白，那永恒的瞬间……把我带入前所未有的思索。

顾圣婴出生于一个书香之家，父亲顾高地是爱国将领（曾任十九路军军长蔡廷锴的秘书），又是一位学者，家中藏书数万册，自幼饱读诗书．母亲秦慎仪文静娴热，喜爱音乐，平时经常播放唱片或者弹奏钢琴，使她生活的小天地里充满着各种乐音。小圣婴自幼灵性过人，对音乐有着特殊的敏感。早在襁褓时期，每当听到唱机发出悦耳的乐声时，她就会像个颇识其中乐趣的老练听众那样闭目欣赏起来，被大家传为奇谈。于是母亲决意培养她成音乐家。善于教育的父亲经常启发她在各种游戏中开动脑筋，培养她认真、

① 上海市第三女子中学2004届毕业生，本文写于2002年。

顾圣婴赠送同学签名照片

顾圣婴在演出

踏实、善于思考的习惯，指导女儿博览群书、拜师学艺。家中，父母总是以身作则，一生以培养两个孩子为自己的中心任务，从来不曾溺爱他们。家中四壁皆书，求知气氛浓厚。在这种环境的濡染之下，简朴、刻苦、求学如渴也成了圣婴的美德。

顾圣婴5岁进中西女中附小开始学钢琴。后来被送入基础教育扎实的中西女中就读。当时上海还没有初级音乐学院，不少一心专攻钢琴的学生长年关在家中学琴，以为集中精力才能早出成果。然而圣婴的父亲却认为普通中学的全部课程都是常识课，决定采用“钢琴专业学习和普通课程齐头并进”的教育方式……事实证明了她父亲的远见卓识；语文课培养了她对各种文艺作品的鉴赏能力，丰富了她的艺术修养；数理科则加强了她的逻辑思维能力，有助于她对音乐作品的分析和掌握。在父亲的教导下，圣婴懂得做人必须正直、坚定、勤勉、虚怀，还要知耻、讲信用、明是非。所以她待人诚恳、真挚，谦和，有“好好先生”的雅称。她练琴刻苦，在音乐天赋上的卓越表现更为同学们羡慕和推崇。

顾圣婴师从邱贞蔼、杨嘉仁、李嘉禄，从小学三年级起已获历届钢琴比赛第一名。1953年，16岁的她已与上海交响乐团合作演奏肖邦和贝多芬的钢琴协奏曲，开始登上音乐舞台。中学毕业，进入上海交响乐团，担任钢琴独奏演员，评为文艺八级，年仅17岁。1956年，她开始师从苏联著名钢琴家塔图良、查克及塔·克拉芙琴柯，使她的琴艺日趋精进。

她虽然是个体质柔弱的小女孩，但遇到比赛，常会昼夜不息地练，直到眼前发黑，甚至晕倒在琴上。有时练得手指甲撕裂，鲜血湿透胶布，也不停息。当时辅导她的苏联功勋艺术家查克见她如此刻苦，并且能超额完成作业，深感吃惊。他说:“我从没见过这样的学生,她在我这里只学了短短3个月，却学到了整整一座山那么多的东西！”只要她的手指一触琴键，她的整个心灵就好像飞进了阿波罗的神殿，再也不受外来干扰和影响。她常记演奏笔记，点评自己：“还需要简练升华，技术上有蒙混过关的情况”,“要注意速度流畅而不急，右手的手指技术要过硬，处理的变化发展要鲜明”。参加国际比赛期间，她常记日记勉励自己：“要弹出风格，弹出水平，争祖国荣誉，争群众荣誉！”“为了我的祖国、为了我的人民，我一定要拼搏，直至走向高高的领奖台……”

顾圣婴在演出

顾圣婴短暂的一生充满了快乐，她曾经是幸福的。她多次代表中国参加国际比赛，多次被评为优秀团员、三八红旗手、先进工作者，多次受国家领导人的接见。她拥有无数听众，深得专家的疼爱、同行的青睐。但在光鲜的成功背后，她其实有着太多的无奈、痛苦。1955年8月29日下午，在顾圣婴即将举行她一生中第一场独奏音乐会的前4天，她父亲顾高地——一位正直、对革命有过贡献的知识分子，因为受到潘汉年冤案牵连，在家被捕，这个晴天霹雳无疑是对她最大的打击。父亲永远无法忘记当时圣婴骤然从沙发上站起来，含着热泪哽咽了一声：“我爱……祖国，我也……爱……爸爸！”1958年在女儿赴莫斯科积极准备第一届柴可夫斯基钢琴比赛时，爸爸被判无期徒刑，发配去青海劳改。从此顾圣婴的心被劈成了两半，一半仍在孜孜追求艺术女神，不断攀登着艺术高峰；一半留给了身陷冤狱的慈爱的父亲。在参加比赛的那段时间里，内向沉静的她一直默默地忍受着，将自己抑郁的心情深深埋藏起来，用音乐支撑着自己的信念，依然苦苦地练琴。1964年，举行世界上最大、最难的伊丽莎白皇太后的钢琴比赛，一般钢琴家都望而却步，而以顾圣婴超人的视奏和背谱

顾圣婴参加第十四届日内瓦国际音乐比赛，获钢琴最高奖，二等奖(无一等奖)(1958年)

顾圣婴在练琴

能力是完全可以胜任这种艰难挑战的。但精神压抑使她严重失眠了。她拼尽了全力夺得了第十名。她的心灵在哭泣、在挣扎、在呐喊……1966 年 8 月，父亲收到女儿 6 月 15 日自家中寄出的最后一个包裹，是一包巧克力。他细细搜索，摸遍了每一个布缝，没有片纸只言，但从包裹布上端秀的字迹，从缝得密密匝匝的针脚中，他感受到了女儿对自己的无比眷恋。1967 年 1 月 31 日，才华横溢、我国青年钢琴演奏家中的一颗璀璨明珠，正当她风华正茂，在艺术上充满创造性和青春活力时，却过早地含恨而死，它给乐坛留下一个永久的惋惜与遗憾……

得到平反的顾高地从李嘉禄教授口中听说自己女儿第一次举行独奏音乐会的情景。他用颤抖的手，深情地抚摸着女儿的骨灰盒，只说了一句："圣婴，我的好女儿……"

顾圣婴真的是一位诗人。

她用钢琴演奏出一首首委婉美妙的旋律，她的音乐是内在的海洋，是深邃的灵魂。像千年古树的年轮，镌刻在岁月的痕迹中，似水流年，超越了一切。

她的生命也如同一首诗，丰富内涵中孕育着坚强的灵魂，连同她的死，都是一段凄美绝伦的诗篇。人们将永远记得她！

眼前又浮现了这样一种情景：在水银灯交织的光线下，一个身着白色连衣裙的女孩子在一架白色的三角钢琴前演奏。台下很安静……

作为校友，我为顾圣婴骄傲，为她那种奋斗不已的拼搏精神而骄傲！

我从中西女中走来
——感恩母校

1951年初三　黄兆芝

我离开母校中西女中已有64年了。回忆像一缕暖暖的春风，吹过我的心头，又似一股甜甜的泉水，流过我的心间。回顾那段美好时光历历在目，中西女中的校训记忆犹新。学校培养教育我们：不做象牙塔上的小姐；不阿谀奉承谋求私利；要脚踏实地努力学习，为今后的人生道路奠定坚实的基础。做一个对社会有用的人。母校师资雄厚，教师素质高，对学生要求严格，尽职尽责。教师讲课生动灵活，结合实际，善于调动学生积极性，着重培养我们良好的思维方式和学习方法，使学生的综合能力得到锻炼和提高。

中西女中的教育教导，影响我的一生，使我终生受益。

1951年国家号召参加军干校时我正上初三，在班主任徐尚均老师的鼓励下我主动报名参军，是我校初中第一个参军的学生。我是1951年1月参加军干校的。我们这届参军的还有方绮纨、王品君、边肇贤、陆维娴、许嘉瑾，她们是1951年7月15日走的，都进了华东军区护校，以后在部队医院从医。在离校前徐老师与我们合影留念，这些照片我们一直珍惜保存着，成了永久的纪念。

1951年1月黄兆芝参军

1951年我到了军干校，在杭州空军第二预科纵队学习。后被调至华东空军政治部工作。在此期间我成为华东空军和空军总队的篮球队员。后来部队要为基层战士扫盲（即学习文化），我被调至华东空军基层参加文化扫盲，当文化教员并获得部队发给的三等功奖章。

1954年初，由于一次车祸，导致我腰椎骨折，经过治疗后我便退役。这是我人生道路的三岔路口。但是母校老师

1951年7月参军的方绮纨、王品君、边肇贤、陆维娴、许嘉瑾

对我的教导我没有忘记，我应当坚强起来。

当我转业到地方后，正值国家号召向科学进军，我觉得我不能气馁，应下定决心和我的中西同学一样去考大学。而这种决心正是来自中西女中给予我扎实的初中数理基础和正确的学习方法，使我有信心和能力自学高中课程。我在工作之余用了两年半时间克服很多困难自学了高中课程，于 1956 年经组织批准报名参加全国统一高考，考取了北京石油学院机械系。

1961 年正是国家困难时期，原油产量低，石油化工行业落后，燃料油严重缺乏，北京公交车都在车顶部装了煤气大气包作为能源。当我们快毕业时传来了好消息，在东北黑龙江勘探到了大油田。我们这些在校毕业生都表达了共同的心愿："听党话服从组织分配，哪里需要哪里去，哪里艰苦哪里去。"于是我们踏上了征程，我被分配到东北石油学院参加大庆油田会战。后来我才知道比我早到大庆，为我国石油工业找到大庆油田做出贡献的有我们班的老同学陈允中，她作为地质勘探队成员参加大庆油田的勘探。当时的油田人烟稀少，大片沼泽地。生活条件异常艰苦。但以王铁人为代表的石油工人

王汝静、徐尚均老师、黄兆芝(左起)

为国担当，不怕苦不怕难。提出的口号是“先生产后生活”。没有住房就住帐篷，住干打垒。虽然生活艰苦，但我为能参加大庆油田大会战而自豪。经过几年艰苦奋斗大庆成为我国最大的油气生产基地，为中国摆脱了贫油国的帽子，为石油和石油化工工业的发展奠定了良好的基础。并且也为我国石油行业培养了许多优秀的工程技术人员。

我在东北石油学院（后改为大庆石油学院）从事教学和科研工作，在机械系主教力学课程（材料力学，理论力学，光测力学等）。直至 2001 年正式退休。

左起黄人慧、王珠珠、黄兆芝、王汝静、马元珠、后立乐英

八十年代改革开放后，国家需要我们走出去了解世界各国石油发展状况，与各国专家学者进行互通信息，相互交流。中西女中出来的学生英文好在国内是有名的，一般中英文两支笔都能拿得起。这要归功于学校英语教学方法生动灵活实用，为我们打下良好的英语基础。我 30 年没碰的英文，竟然很快就捡了起来。通过进一步学习提高，使我能够走出国门与各国专家学者进行学术交流，能阅读各种文献资料并且将我们的科研成果在国际会议和有关国际技术杂志上发表。例如，为提高油井日产量，我们学校教师和现场工程技术人员相结合共同设计制造了一种新型的复合天轮式长冲程抽油机，还获得了国家授予的专利权，并于 1995 年在美国召开的国际“采油工程专题会议”上发表论文 *A New Long stroke Pumping Unit With High Speed*，受到与会代表的好评。在多年的教学实践中，也带出了一批研究生，成为石油工业的工程技术骨干，为国家石油工业发展做出了一定贡献。

退休后我移居新西兰，但我没有安于养老，母校的教诲“要做一个对社会有用的人”成为我人生的信念。在国外更体会到掌握英语对我们华人融入当地社会的重要性。由于我英语基础比较好，所以我主动协助华人协会与当地的非营利性组织 ELP (English Language Partners) 合作举办英语学习班。由于学习环境稳定，华人朋友们通过学习受益匪浅，并为当地英语教师们无私奉献精神所感动，参加学习的人数不断增加。我很欣慰，年近八旬还能作为一个义务工作者，为社会做一些有益的事情，我心安理得不枉此生。

总之，我的人生道路受益于中西女中的教诲和打下的良好基础。为此我终生难忘母校的教导，难忘恩师对我最初人生道路的启迪教诲。1989 年我还专程到上海看望过徐尚均老师，并时常挂念着她。

（2015 年 5 月 9 日）

我和姐姐班的姐姐们

1951年初三　沈　蓓

说到中西女中的关怀温馨，我认为最成功因而令我至今印象深刻的是“姐妹班”制度。当我拎着行李，东张西望忐忑不安地走进大中西校门的第一时间，就见一个人笑容可掬地迎了上来。她自我介绍，叫王积康，是我的“姐姐”。短发，一身牛仔服，帅气十足(后来知道，她是校队著名篮球健将)。她早把我的住处床位了解清楚，径直领到宿舍，帮着安排妥帖，接着带我和妈妈到学校各处转悠，一边逛一边介绍学校的各种设施、制度、注意事项。问我们有什么要求想法，最后到她的房间，说她经常会来看我，我也可随时去找她，这时，她的室友们也把自己的“妹妹”带来了，大家互相介绍，“姐姐”们还准备了茶点，一时间好不热闹，自自然然，就是一个小型迎新茶话会，立马，新生们心里暖暖的，实实的，而妈妈们经过问这问那，最终也放放心心地走了。

以后两年中(中西的制度是，高二和初一结对后，带到高三毕业，初三高一轮空，到高二做姐姐班)，王积康待我如亲妹妹，把我带东带西，关怀备至，不仅生活上，就是学业方面有什么问题，也可随时向她请教，这实在是一个非常行之有效的好制度。以前我只看到，它对我们新生帮助很大，得以在最短时间内融入新环境，绝无遗漏地得到关心。现在才理解，这个制度，其实对于“姐姐”们意义更其重大，也许在这之前，她们也是娇小姐、独养女，一旦做了姐姐，忽然就有了责任，希望成为妹妹的表率，而妹妹们的口碑就成为一种无形的评价和监督，这就是为什么家中老大总是比较懂事的原因。学会关怀，学会管理，是培养人才中比学业更重要的一课。而人人学会关怀，严格的学校就洋溢在一片温馨和谐的气氛中。这一切，校方所需做的只是倡导，由于充分发挥学生的自主能动性，管理工作反从琐碎的事务中解脱出来，显得游刃有余，真是事半功倍，四两拨千斤哪！

我们和姐姐班的姐姐们

校内虽温馨宁静，校外却已烽火连天。虽然中西是一所不折不扣的贵族学校，本该是遗世独立的象牙塔。但中西一向灌输的民主、自由、平等、博爱以及中国文化人“国家兴亡，匹夫有责。”的思想，又使中西不可能真正成为遗世独立的象牙塔。中西的学生虽多为大家闺秀，但也有不少人冲破阻力，走出重楼深院，投身于时代进步的潮流。事实上，我的表姐吴宁 (1948 届) 她们早就和交大的地下党有联系。1946 年底，美军奸污北大学生沈崇事件发生后，她们就参加了 1947 年元旦全市学生抗暴示威游行。1947 年春夏间，又参加了交大、同济发起的“反饥饿 反内战 反迫害”等一系列活动。并成立“时事讨论小组”，每周六在缪雪如 (1948 届) 同学家里碰头。这是中西最早的勇敢领头人。虽然如此，缪、宁姐她们真正参加地下党，是在离开中西以后。中西第一位地下党员，是我姐姐班的瞿明明，由她又发展了两个，成立了地下党小组。后来我姐姐王积康，赵祖康的女儿赵国明 (中西 1950 届) 等都陆续秘密加入。她们开展活动时，也利用学校原有的姐妹班制度，所以我们班受影响特别大。我进学校第二个学期快结束时，参加了学校地下党的外围组织“新民主主义青年社”(简称“新青社”),主要任务是护校，轮流在学校值班，还有就是悄悄聚在一起做花，准备迎接解放。其实我那时根本什么也不懂，就是跟在大同学后面瞎起劲，不过因为我胆大，还被派去为大同学的秘密聚会放过哨哩!

解放军渡江成功，在《将革命进行到底》、《解放全中国》的铿锵号令声中，一路势如破竹，五月对上海发起总攻。5 月 27 日，全上海解放，我和同学们一起，亲身经历了那个庄严的时刻，每一个人都热血沸腾，对新中国充满憧憬。这以后，整个暑假，我都在接受严格的秧歌腰鼓训练，大多由青年文工团派人来教，不过到 10 月 1 日真正庆祝新中国成立大游行时，在珍藏至今的秧歌腰鼓照片里，却找不到我的身影，原来我调去打小军鼓了。那天我们凌晨三时不到就去排队，到晚上还兴犹未尽，一路从人民广场跳舞回学校，印象中只记得那马路极宽极宽，现在想想，那时的南京路和金陵东路其实蛮窄的，实在是只觉得那心宽得没边，亮得没边。

我在学校当然也是积极分子，年龄还不到，就参加了新青团(新民主主义青年团)。学校里除了瞿明明她们这些高中的党小组成员领头外，我们初中最活跃的是章曼霓，她和我同级不同班，年岁稍长些，高挑身材，又漂亮又能干，成绩向来和赵无宣(著名旅法画家赵无极的妹妹)俩人并列初中部第一(高中部是赵祖康的女儿赵国明)。平时有什么活动，大部分是她先去和高中部的大同学研究，再回我们初中部来布置安排，我们则是她手下的得力干将。可惜她在“文革”中自杀了，这是我年级中，除了同桌顾圣婴，“文革”中自杀的又一人。

中西虽然在教育思想上，崇尚自由民主，但毕竟是教会办的女子学校，一向管理相当严厉，甚至是独立王国，有些封闭的，这会儿才彻底打开象牙塔，统一到全市学校的活动中去。带领我们参加这些活动的是我姐姐班的姐姐们。

中西女中的美育活动

1951年初三　沈 蓓

1948年秋，我升入中西女中。走进学校大门，迎面扑入眼帘的是一个修剪整齐，占地超过一万多平方米的大草坪。沿草坪前行，相隔数步就有一个当时在中国还很少见的自动喷水饮水器，接着就来到一幢哥特式欧洲学院派风格的建筑前，主入口是三个高大漂亮的暖色玻璃花窗，这一切，一下子便把中西那开放、大气、高贵，优雅的气派极其直观地呈现在人们眼前。

入主楼大门，经过装有豪华吊灯的门厅，可直接进入大礼堂。礼堂和正规剧场一样，有吊顶二楼，一千多个座位，良好的舞台装置和灯光设备，观众席两侧也都有华美的尖券式彩色玻璃窗。

学校注重学生的全面发展。中西对学生身体素质，体育锻炼，艺术修养的重视，绝不亚于数理化，而美育活动更是中西的一大特色。

更迷人的是校园里的琴声、歌声。培养上流社会新女性，会弹奏钢琴是不可或缺的。所以对它的重视与主课不分伯仲。学校请了一流的好老师，上课练习都排在课程表里，还经常组织汇报表演比赛。中西为学生练习提供的钢琴不亚于当时的音乐学院，终日里一间间小琴房乐声悠扬，传递出浓郁的音乐气息。非常幸运，进大中西后，学校为我指定的老师是后来成为著名钢琴家的牛恩德。牛是中西校友，毕业后在进音乐学院深造的同时，同意为母校兼一些课。她教课非常细腻，特别是对乐曲的分析，深入浅出，从音乐家的背景到具体每一个音符的抑扬顿挫，轻重缓急，都不放过。言之有理，反复示范。这时我已脱离早期生涩被动的状态，加上名师指点，竟如脱胎换骨一般，不但技艺突飞猛进，更重要的是，深深被音乐的魅力所吸引，所陶醉，练琴成为一件乐事。牛恩德很喜欢我，说我乐感好，理解力强，而且天生长了一双适合弹琴的好手，有时她甚至免费

中西女中的大礼堂

大礼堂门厅

演剧

加时教我，劝我今后应该成为有成就的钢琴家，否则浪费了。可惜时至今日，我不但没有照她的话做，而且琴艺早就荒废殆尽，实在是愧对老师的厚爱。

合唱也是中西的品牌之一。据说中西的女子合唱队是上海第一支在竞赛中打败洋人独占鳌头的中国合唱队，当时曾经轰动一时。由于大部分学生从小参加唱诗班，受到系统的训练和熏陶，合唱从来都是多声部混声，有时甚至是高难度的无伴奏合唱，用的也都是五线谱。有天赋的另上声乐课。学校的音乐会上，钢琴小提琴，合唱独唱精彩纷呈。我在校时，王姗如她们的三重唱水平极高，蜚声校内外。

如前所述，戏剧因素自小学开始就融入课堂，到大中西更具规模，高三毕业时必定会公演一部大戏。以前大部分是《白雪公主》、《卖火柴的小姑娘》等英文原版剧，薛正校长主持后，开始排演中国著名作家的戏，如《家》、《雷雨》等，我表姐吴宁那一届毕业班演的是《卧薪尝胆》，她饰演的吴王，好久以后人们还津津乐道哩！后来两届演的是郭沫若的《孔雀胆》和《棠棣之花》，背景都是美术老师画的，美轮美奂。

另有一个漂亮的小礼堂，在宿舍大楼呈马蹄形的凹处，是供开 Party 舞会用的。每周三晚 7:00-9:00 时，那里灯火通明，跳动着欢快的旋律，不过那不是音乐会，而是跳民间舞。那时的民间舞概念和现在不同，是指世界各国的民间舞。芭蕾舞中的宫廷舞就是从这些民间舞演变而来的。在那些舞里，除了音乐舞蹈的熏陶，实际上，包含着许多西方社会的社交礼仪，是社交舞的雏形。我是那里的常客。

我想特别再费一点笔墨记述的是还有一堂特色课——家政。虽非主课，却属品牌之一。内容五花八门，像烹调（我学的是最简单的——做蛋糕和 Cokie)，女红（我学的也是最简单的——绣十字花。）做绒布玩具洋娃娃小动物，家庭保健，常见病预防，（我们那时已学生理卫生课或曰“优生学”。）养花、插花、家居布置，有时老师让我们自己动手，用硬纸板做最简单的小小人体模型，再设计多种款式花色的服装（用纸画或剪出来），在人体模型上找出最佳搭配方案。晚会式、休闲式，矮胖的人该如何如何，高瘦的人又该如何如何，直线条、横线条、调和色、对比色、有时还会加上一些小配件，帽子、手袋、

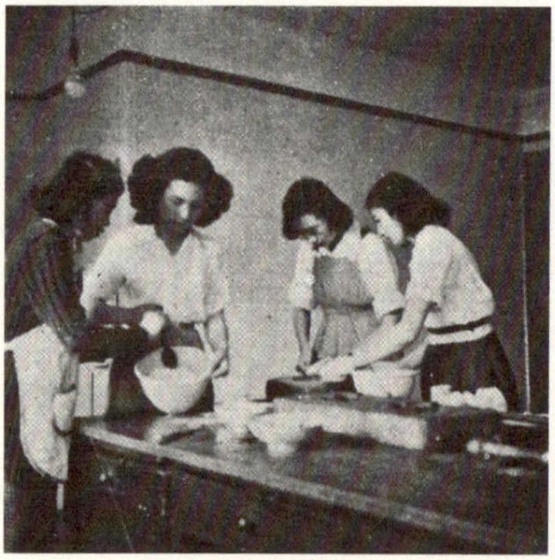

家政课做蛋糕

家政课布置房间

饰品……听说以前高班还有小儿心理学、庭院设计、家用电器保养、珠宝鉴别，甚至还有用短片介绍世界著名品牌的生产过程，如意大利手袋和皮鞋，英国某品牌瓷器的历史及生产流程，法国香水化妆品，瑞士手表等，以提高学生品位，开阔眼界。这是一堂备受争议的课，后来相当长一段时间里，虽然对中西的教学，在我内心还是留恋肯定的，但对这堂课，也觉得无可争议，完完全全教的是资产阶级生活方式，为太太小姐们准备的，学校该传授知识，怎么学这些，应该彻底批判。直到前不久，才突然意识到，为什么中西出来的人仪态谈吐优雅脱俗，气质品位不同一般，家政课的作用不可低估。其实这是一堂美育课，修养课，里面充满了知识和智慧，教授的是人类文明的结晶，而且突出女子角色特点，乖巧地强化动手能力，才成功地培养出一代又一代，充满魅力，适合现代社会的新女性。女性即便在家里，也应该是知性的、时尚的、有智慧的。

感谢母校老师的培养

1952年高一　魏希文

母亲要我到她母校学习，所以我在初二转学到中西女中。中西女中对我的成长和工作有着深远的影响，对我影响最大的是物理老师徐尚均和数学老师王薇贞。她们在教学过程中对学生要求很严格。要求我们在做习题过程中概念清楚，思路清晰，书写要规格化，卷面整洁。她们启发我对物理、数学产生了很大兴趣，所以我选择进入北京大学物理系半导体专业学习。在本科学习时成绩优秀，毕业后考取北京大学研究生，由知名学者，中国科学院院士黄昆教授指导。在做研究生毕业论文前，黄昆先生征求我的意见，问我要做哪个方向的论文。我说："不想做纯理论的研究，希望和实际有结合。"于是他请了中国科学院院士王守觉先生来指导我。我的论文在全国半导体学术大会上报告，并在物理学报、中文版和外文版的《科学通报》上发表。

研究生毕业后，我选择了当教师的职业。不久就开始"文化大革命"。因为我学的专业是和实际结合的，所以我下厂拉过硅单晶。于是便派我去沈阳冶炼厂给工程师、技术员、工人讲"半导体器件及其应用"的课程，受到他们热烈欢迎。厂里还请我下车间一起搞技术革新。在大连工学院(现大连理工大学)工作时，派我去大连晶体管厂接受工人阶级再教育。我设计了HTL集成电路，并且和工人们一起制造出大连市第一块集成电路。我先后主持过科学基金项目、电子工业部基础技术研究项目、国防科工委项目、"七五"攻关项目中的"高均匀性多元逻辑电路和高速多元逻辑电路"等的研究。在国内外首次测出了多晶硅薄膜与金属整流接触和欧姆接触分界掺杂浓度。在国内外发表论文数十篇。主编《多晶硅薄膜及其应用》一书。1997年"纳米硅薄膜微结构和物性的研究"获中国航空工业总公司(部级)科学技术进步二等奖。

中西女中重视英语教学。我入学时有外籍教师授课，她不会中文，上课全用英文，经常测验听写。这给学生打下了较好的英语底子，听和说能力强。在晋升副教授英语考试中，我得了第一名。在高访学者出国培训中，听力老师认为我是班上最好的学生。我还当过大连理工大学专业英语老师。参加国际会议做学术报告、对国外大学生做学术报告都得到教授和学生的好评。由于英语底子较好，使我很顺利地完成高访学者的任务。

魏希文

晋升教授后，我为大连理工大学物理系申请到“半导体器件与微电子学”硕士点。后来又发展成博士点和博士后流动站。我在指导研究生时总想起徐尚均老师对我的教育，她不仅物理课教得好，她还教书教人。我记得她找我谈，她说：“你不要放了学就忙着回家做功课，练习弹钢琴，你还应该关心国家大事。”后来我入团和加入中国共产党，和她对我的教育也有关系。我在指导研究生时对他们很严格，关心他们的成长，给他们创造条件出国深造学习，学习国外先进的东西，然后回国效力。我指导的第一个研究生，送他去北京大学，博士后流动站出站后去过瑞典、美国。现在成为国家千人计划人员回国效力。我指导第三个研究生，去英国博士后流动站，出站后又回到大连理工大学。现在是教授、博士生导师。我指导的关门弟子，现在是中科院的研究员，工作很出色。其他的研究生工作也很好，当上教授、研究员的不少。在国内外我指导过的研究生回到大连都来看我，我非常欣慰。

我从五岁开始学习弹钢琴，中西女中给学生课后有时间活动，所以我一直学习弹钢琴到高三毕业。在北京大学参加钢琴比赛，当时评委是来自中央音乐学院和中央乐团的。我得了第一名。退休后，我将教钢琴作为我后半生的职业。今年我七十八岁了，还在教琴。我培养的学生有的通过业余十级，有的参加省一级和全国比赛拿到了金奖，还奖给我园丁奖。我作为高访学者去意大利时，电视台采访我，说我是钢琴家。我说：“我是业余的，我是搞半导体的。”没有中西女中那段时间坚持学钢琴，怎么可能是这种情况。现在我生活得很充实，国家发展得越来越好，我很幸福。我不会忘记在中西女中学习的那段经历。感谢中西女中老师对我的培养。

母校伴我成长

1952年高一　周佩白

1951 年我从中西女中初中毕业，考进了母校，1952 年 7 月以后学校改名为上海市第三女子中学。如今我们高中毕业至今已整整六十载，人生即将走到尽头。回顾一生，我认为学校最重要的是“培养一个怎么样的人”？我认为家庭、学校给我的是：自立、自强、自尊。这似乎是个无形的概念，但是贯穿在家庭、学校的整个氛围中，中西女中和市三女中的校风，各位教师的作风 (包括体育老师) 都在无形中影响着我，这是一种无限强大的力量，是决定她培养的学生将会是怎样的人，这是学校对社会最重要的贡献。

具体来说，我的感受是学校的每位老师都为学生在数、理、化、外、体各方面打下了扎实的基础，记得我们班的同学在高考时都能“如愿以偿”地以第一志愿考入清华、交大、复旦、第一、第二医学院等，我是报考交通大学电气工程系，以示女孩不比男孩弱。

毕业后留校当助教、讲师、教授。让我有机会发挥潜能是在改革开放以后。学校请来了美、欧各国的教授来做学术报告，因为我初中的英语老师是圣约翰大学毕业的，虽然进大学学的俄语，但是中学时代打好的基础，让我的发音及听、说能力比较好，也敢于交流，几乎被所有来访教授认可，当时教育部也有外派做访问学者的名额，美国 MIT，加拿大多伦多大学的教授都同意接受我去做访问学者。因为学校要综合考虑，要我去加拿大，MIT 的 J.R.Melcher 教授就邀请我去他实验室做学术报告，因为当时我们教研室在“电磁场数值计算”方面的工作是紧跟世界水平的。我在 1985 年就参加了国际磁学计算会议 (简称 COMPUMAG，在美国 COLOLADO STATE UNIVERSITY 举行，接着 1986 年又参加了在美国 Phoenix 举行的国际磁学计算会议。电磁场理论是电气学科一门极重要的基础性课程，不论在哪所高校都是“老师怕教，学生怕学”的课，可能也是因为数、理基础还可以，认为这门课是统领有关电气行业的基础，我愿意承担。80 年代的国际学术界

1986年参加国际会议

和国际著名教授J. A. Kong交谈

1985年参加国际磁学计算会议

在香港城市大学讲课

1993年出版的著作

在柏林工大电机系讲课

应用计算机计算电磁场也起步不久，而在国际上此工程学科内女工作者也很少，加上我有英语口述能力，又敢于发表观点，容易被大家认可。这种自信精神就是无形中从母校获得的。记得学校很重视体育，上课时有各种体育器械如鞍马等，老师都会鼓励你“上”。我认为一个人的综合素质是多方面培养成的。

后经德国教授介绍，世界最著名的科技出版社斯普林格(Springer-Verlag)邀约我写一本专著 *Numerical Analysis of Electromagnetic Fields*，经过五年努力该书在1993年出版，同时在德国柏林、海德堡、美国纽约、英国伦敦、法国巴黎、中国香港、日本东京、西班牙巴塞鲁纳、匈牙利的布达佩斯发行。由于书的出版，我又被邀到德国卡尔斯鲁厄大学、柏林工大、汉堡工业大学、香港城市理工大学等高校讲学。

对于书能在国际出版，我必须感谢四位教授，一是柏林工大的 D.H.Naunin 教授，卡尔斯鲁厄大学的 A.Schwab 教授，多伦多大学的 P.Biringer 教授，MIT 的 J.R.Melcher 教授，前两位是介绍人(把书介绍给出版社), Biringer 教授用了他的业余时间无偿帮我通阅了全部英文稿(全书有四百多页),这是出版社的要求，必须有以英语为母语的人通读全书，当然他对我在英语书写、表达方面的指导、修改是我终生不会忘的。他这种对年轻人的真心关爱、帮助不逊于我们自己的老师。最后必须感谢 Melcher 教授，他给了我这本书的灵魂。在我 1986 年去讲课时他就问了我一个问题：“你怎么从物理意义上解释你这些方法？”他本人虽没有做这方面的工作，但给我提示的这个问题却成了我在组织这本书时的指导思想，我把所有很多种不同的数学方法都归纳在两条原则之下：一是误差最小原理；二是离散化手段。用这两条原则来组织全部教材使全书概念清楚、条理分明，颇得好评，直到 2012 年，离书出版 19 年后，我才陆续知道这本书在世界各地仍被用作研究生的基本参考书。

经过一生的工作，我的几点体会是：

①外语是和世界沟通的必备工具，但也就是工具而已。在不同的学科领域都要有各自坚实的基础。②虽然我就读的中西女中、以后又改名为上海市第三女子中学都是女子学校，但是我觉得女校更有利于培养女孩子的“自立、自强、自尊”。不论我走到那里，我总以我是中国学者“自尊”、“自傲”。③在回想母校培育的过程中杨继璐同学告诉我，在母校大礼堂前的磨石子地上刻着“Live, Love, Grow”，我想也许就是这三个简单的字伴随着我们的成长，我们在学校、老师的“爱”中成长，学校要求我们长大了要付出“爱”，要“爱生活”“爱事业”“爱社会”“爱国家”。

五彩缤纷的校园生活

1952年初三集体

我们这个年级是1949年9月进入中西女中的，但是我们有很多同学都是从小中西升上来的，有的甚至是从中西幼稚园开始就在这个校园里。我们都十分热爱这个花园般的学校。

这是我们人生漫长路程中最好的一段时光。回忆往事，感慨万分，老师和同学的身影时时出现在眼前。

我们的老师

对于蓝而明来说，毛丹林老师的算术课是给她留下最深刻印象的。

“毛先生在初一算术课上老叫我们做四则运算，看到我们诧异的目光，她说：‘你们不要笑，我不要你们排直式，我出题后，你们马上排横式，直接心算做完，马上交。我按次序编号，看谁做得快，算得对。’

我本来看到鸡兔同笼就发怵，在毛先生教育下，以后对代数、几何、三角兴味盎然，学习成绩良好。”

而对于徐剑平来说，教生物的沈淑敏老师的和蔼可亲给她留下的印象至今难忘。

“当初一走进生物实验室，看到桌上一架架显微镜和人体骨架，又好奇又兴奋。课余，我们到老师在枫林桥中科院宿舍的家中去玩，她还亲自做点心给我们吃，并带我们去参观中科院的实验室。后来沈老师调到北京中科院工作了，她的和蔼可亲和讲课的生动清晰，使我至今难忘。”

王仪万十分怀念英语启蒙老师Miss Craig，五十多年过去了，不知这位和蔼可亲的美国老人是否还健在。

“回顾在中西女中的学习生活，有许多令我难忘的人和事，美籍英文老师Miss Craig

就是其中之一，她讲课生动、形象，使人受益匪浅，一次她手执铅笔称其为‘小孩’，并放在桌上，另拿起一张纸喻为‘丝棉被子’并覆盖在小孩身上，同时大声朗读‘Cover’，大家一下子就理解并牢记了这个单词。期末时我因父病故，没赶上英文考试，正在发愁之际，惊奇地收到一个精美的信封，打开一看是 Miss Craig 书写漂亮流畅的英文信，信中首先表示慰问，接着告诉我何时、何地可找到她，让我选合适的时间去补考，还特别告诉我题目不是很难（以免紧张），最后工工整整地用汉字署上她的大名‘葛继恩’。她教给我的英文使我终生受益，永难忘怀。”

音乐与戏剧

中西的生活五彩缤纷，特别让蓝而明忘不了的是器乐演奏和戏剧演出活动。

“初二时音乐老师相文化当班主任，放学后大家留在学校里打腰鼓，敲小铜鼓，编节目，排戏。我们排了一档节目，有独唱、重唱、合唱和器乐演奏，到广播电台播音乐，所得的报酬都用来捐献飞机大炮。

“在看电影时，大家迷上了电影插曲，于是在漆黑的影院里有的记谱，有的记词。我没学过乐理，但为了效果好，我耳听、心记、模仿原曲伴奏，在插曲未发表前，我们就能演奏了。

“我们还自编自演了话剧《控诉》，孙以兰演革命者，干凤仪女扮男装，演反派角色，我演一个小角色。因为演得好，我们一级一级演上去，领导和电影明星到后台来看我们，凌之涛亲自替我们改谱，差点没把我乐晕过去。”

同样，给杨蕙韵留下深刻印象的，也是中西的演出活动。

“记得吗？国庆游行，我们一色的白长袜，两面穿的羊毛衫，‘冬的冬的’的鼓点，着实让我们在南京路上风光了一把。

“记得吗？我们去上海广播电台录制《东方红》，马爱伦那动作自如的指挥，让我们获得了多少荣誉。

“记得吗？我们六个人（仪凤、红征、德川、重仪、我、还有孝蕙），在分小组时居然没有一个小组要我们，一生气我们建了自己的独立小组，我们围一样的围巾，穿一样的皮鞋，与另一个六人小组有一点小意见，一场话剧让我们冰消瓦解。

“我们演革命烈士，演狗特务，直演得老爱讲‘有次情况’的袁炜彤老师热泪盈眶。”

关于这出话剧的演出，陈德川也有一段回忆：“记得有一次班级文娱比赛，我们小组有干仪凤、陆孝蕙、刘重仪、孙红征、司马蕙兰，排练反映革命烈士在 76 号受审，英勇不屈的一段，后来得奖，作为班级参赛节目。”

走上音乐之路的王仪万，一直忘不了的是钢琴弹得很好的同学黄曼璐。

“初中时的同窗好友黄曼璐和我住得很近，常常一起上学，一起回家。她弹钢琴非常好听，我很羡慕，以致萌生了再学钢琴的愿望。没想到考大学时我选择了钢琴专业，黄曼璐后来考入行知艺术学校，直到去加拿大定居，我们仍保持联系，同窗情谊，至今不变。”

课堂与宿舍

戴幼姑 1940 年进入中西幼稚园，一直到高中毕业，除 1943 年、1951 年随父母去新加坡生活两年，共有 13 年在中西校园里度过。她对于中西有着甜蜜的回忆。

“初中时我是住读生，进入一个陌生环境，有点害怕。学校安排高二和初一，高三和初二结成姐妹班。开学第一天，季耐雪姐姐来找我，使我很快投入了愉快的学习。

“在课堂上老师随时随地会叫学生站起来回答问题，也会突然叫同学拿出纸来进行测验，分数全部计入总成绩，课外活动丰富多彩，这就是中西的办学原则。

“初一同学顾圣婴是蜚声海外的钢琴家，初二同学吴静姝是优秀芭蕾舞演员，毛正容是排球队主力队员，是上海中学联赛的常胜将军。记得刘葆宏老师当班主任时，我们自编自演了许多精彩节目，蒋怡信同学吉他伴奏，旋律优美。记得一天晚上我们在熄灯后溜出宿舍到情人岛上欣赏湖中睡莲。一个人一生中能有这么一段美好生活，此生足矣。”

同样马爱伦对于住宿生活的回忆也很有意思。

“我初三住宿时，一起住宿的有高新园、肖顺贞、干凤仪、朱雯文、叶慧等人，她们都是越剧迷，迷尹桂芳、蓝水拍。下了课，在宿舍里用被子做服装，唱‘一缕床’。

“舍监主任猫头鹰(吴景昭老师)和校医主任缪先生，晚上九点熄灯后，她俩会按门查房，于是我们躲在帐子里，在被窝里打着手电看书，吃零食。考试时要开夜车，就躲在厕所里，踩在马桶上看书，老师来查时看不到脚。

“住校生家里带来的零食不够吃，就到校门口篱笆缝，向马路上的小摊贩买面包，色拉面包，晚上躲在床上吃。

“每星期五，在小礼堂有舞会，跳的是‘Folk Dance’，唱词是‘Put little feet night there …Don’t you see my new shoes’。我们是低班，躲在门口角落里看老师和姐姐班同学跳舞，十分好看。我最记得和顾启泰老师跳舞的化学陈老师穿一双镂空的白皮鞋。但愿我星星点

1952年初三演出化装舞会

点的回忆能让你们重温少女时代的甜蜜。”

调皮的孙以兰回忆的则是如何和老师开玩笑，逗得同学哈哈笑。

“我们孙氏家族在上海的女孩子基本都就读于中西女中，而孙以志、孙以绥、孙以兰均系中西 1952 年初三的学生，分别编在甲、乙、丙班。我们是班级的调皮鬼，我们和老师关系都很亲近，而且我们的成绩也不差，就是喜欢和老师开玩笑，总是逗得同学大笑一场。有一次英语老师让我们到黑板上用 beautiful 做造句，我就写了‘My English teacher is very beautiful’，弄得老师满脸通红。”

“上英文课我们在座位上互相捣蛋，直逗得同学上黑板回答问题也要背着书包，拎着球鞋。我们疯狂地出入电影院‘幸福的生活’‘女拖拉机手’‘走向生活’……”

五十年后的感言

“十六岁的花季，是人生快乐驿站。

它是我的音乐盒，是我的百宝箱。

打开盖子，是美丽的疯狂，激动人心的场景一幕幕滚滚流来。”

杨蕙韵用散文化的语言形象地表达了我们对初中生活的回忆。

“人的一生要记忆很多事情，某些事情会随着时间的推移而逐渐淡忘，对我而言，在母校中西女中度过的三年却是终生难忘的。”—— 高萃华

“岁月匆匆，离开母校已经五十年了，但是陪伴我们度过了美妙少年时光的青青大草地，环绕草坪的环形散步道和道旁蜿蜒的龙墙，永远深深留在记忆中。”—— 黄人慧

（本文综合了蓝而明、徐剑平、王仪万、马爱伦、孙以兰、杨蕙韵、陈德川、戴幼姑、高萃华、黄人慧等十位校友的回忆，2005 年 6 月）

从科学家到女部长
——记中西校友朱丽兰

杨 乡[1]

2002年母校委托我采访朱丽兰校友。由于朱丽兰是刚卸任的科技部部长，第九届全国人大科教文委副主任委员，我担心采访有一定难度。经与秘书蒙建东联系，虽然朱丽兰工作很忙，还是很快安排了会面时间。当我按时走进宽敞、整洁的办公室时，朱丽兰正伏案工作．她热情接待了我。我不敢耽误她太多时间，开门见山地提出要求，希望她回忆一下中学时代最难忘的人和事。她极其热情、亲切、坦诚，可以说是非常豪爽地谈了几个问题，记录整理如下：

女中对培养学生自强、自信、自尊、自立有独到之处

我是1949年进中西女中读书的，那个时候，正好是上海刚刚解放。我是家里第一个女孩，母亲希望我能自强。虽然说家境不是太好，但母亲非要我进教会学校学习。当时给我的印象是，这是一个富家小姐云集的地方，因为我穿着打扮各个方面像个男孩，不属她们那个圈子里的人，这也促使我不和她们比吃穿，我和她们比学问，因此功课一直很好，总是名列前茅，我在一定程度上获得了尊敬。中学毕业后，便以优异的成绩被选派到苏联国立敖德萨大学化学系学习。

胡启立的妹妹胡启衡及原复旦大学校长谢希德，我们三个人，曾经谈到过女校到底有没有存在的必要．女校到底与一般的学校有什么不一样。我们三个人一致觉得女校还是需要的，因为这种环境有利于女孩子的成长。在当今世界激烈的竞争中，中华民族要屹立于世界民族之林，我们每个人都要有紧迫感、责任感，女中的建立对于从中学时代

① 本文写于2002年，市三女中1960届杨乡采访整理。

朱丽兰

起就培养女学生自信、自尊、自立、自强的精神特别好，有它的独到之处。所以，第三中学又回过来变成市三女中，我们觉得还是挺好的。

幸福的中学生活

进了中西女中后，接触了张小如先生，还有傅家祥，她比我高几届。她们是共产党员，接触了这些人后觉得和原来的生活环境大不一样。当时上海解放，对解放军进城很有感触，所以自己也要求进步，很快就加入了团组织。我们市三女中较早成立团支部，我们这一批大概是 1950 年入团的吧，那时有的人觉得我们这些人都比较清高。在这一点上，我认为对于一个人来说，他不能只是追求个人的自强，而是能够去认知一种社会、一种制度：和怎么做人，怎么处理个人与社会的关系，个人与国家的关系。我觉得这问题对我来说还是很重要的，虽然当时不是那么清晰，但是朦朦胧胧的就是有这么一种向往。可以这么说，我的人生观的形成受当时的这种环境影响很大。

说实在的，我们那时的中学生活还是挺幸福的，因为一个学校的好坏很大程度上取决于老师水平的高低，后来我到了科学院才发现，那些研究院教授好多都是我中学的老师，这就可见那时的中西女中、市三女中的教育质量是相当高的。这么一种氛围对人的价值观的形成起到潜移默化的作用。它使你养成一种作风，一种习惯，就让你做事情一直都很认真，什么事情都希望做得最好，能够自强。我认为中学的生活，除了给你打下一个比较扎实的学习基础以外，在做人方面，在认识自己的社会责任，在追求理想方面，也是很起作用的。中学时代的六年，只是人生旅程中短暂的一段，但它对一个人价值观的形成和政治信仰的追求，对待科学的态度和思考问题的方式，都起着十分重要的作用。

难忘的同学和老师

张小如先生和傅家祥同学对我都有一种亲切感，刚解放时，我的母亲对我参加团的活动不怎么认可，认为念书就念书，你去管这些政治干什么呀？那时候我社会活动很多，开会也很忙，家里有时就要劝阻。我又比较倔，家里既然这样，有时晚了，好，我干脆不回家，就住在傅家祥家里。因此和傅家祥关系很好，她好像就是大姐姐，这种同学之间的关系现在也不一定会有了。这也是一件印象挺深的往事，好像与有共同理想信念的

朱丽兰在苏联留学

任科技部长时的朱丽兰

人在一起，与一般同学之间的友谊还不完全一样。

在老师里面，教几何的范敬敏老师，我觉得她特别严谨，不只是教几何定律本身，而是教给你一种思想方法，逻辑思维很严密。人们说我这个人逻辑思维比较灵，我觉得和范敬敏老师的这种训练，有关系。

市三女中高中毕业后，学校直接送我到苏联去学习。这才发现自己学的是英文呀，必须立即学俄文，感觉好像是亏了，后来想想才认识到，一点也没有亏呢，而是多掌握了一种语言。一年下来，尤其是到了苏联，借助英语很快就掌握了俄文，这要感谢母校的老师给我打下了扎实的语言基础。

比较幸运的人生

我想想自己的一生比较幸运，机遇比较好。进了一所好的中学，后来又到苏联去学习。改革开放以后，又第一批当访问学者到西德去；后来又从所长跳到了科委，还当了科学技术部部长。给了这么大的一个舞台，可以去很好地尽自己的责任，发挥自己的作

2001年朱丽兰回母校访问

用。回想整个人生还是挺有意思的。我真是比较幸运。1961 年，我刚从苏联回来，要分配工作，人家认为我是上海人一定想回上海工作，但是我不愿意回去，我认为上海这个地方不是搞研究的好地方，所以我就想去长春，因为我是学化学的，管分配的同志说："你不要去长春啦，就留在北京吧。""文化大革命"中，我幸亏在北京。虽然我在化学所也作为修正主义苗子，被贴了几张大字报，也就没事了，当了个逍遥派，由于有很多科研任务需要我们去干，所以业务也没有荒废，这都是比较幸运的。

我认为，做人要实实在在，不需要什么包装，更不需要什么伪装，何必说些违心的话，或者要假装出姿态来呢？我提倡透明，这也是一种自信的表现。我就是这样，我不需要捧，不需要拍什么人马屁，我也不需要人家来依附我，做事情大家认认真真，做人实实在在，坦诚相处。对那种乱七八糟，不说实话、搞假大空，觉得有负人格。

中西十年引导我终生学习

1952年初二　陈 陈

童年是快乐而单纯的。我从入学中西第二小学的幼稚园直到初中二年级暑假，在中西读书的日子逾十年。并校后继续在上海市第三女子中学读到高中毕业。

我的父母都是知识分子，对子女尽职而慈爱。家住太原路(台拉斯脱路)，距中西二小半条马路，父母特别重视子女教育，从小就送我们进中西二小幼稚园。中西第二小学教导我们为人善良，处事严谨；教给我们学业知识；培养我们良好的卫生习惯；教会我们待人接物有礼貌。中西二小实行小班上课；三年级就开始用原版书教英文；学生可以课余到学校练钢琴。

我 1950 年毕业后得以直升中西女中，开始住校。中西女中的校园更美丽了，大草地如茵似毯，龙墙、荷花池和紫藤花永远留给我们美的回忆。教学大楼每班有固定教室，大礼堂有彩色玻璃窗，我们把它的图案印在纪念百年校庆的丝绸围巾上。小礼堂在另一座大楼，住宿和用餐都在那里。初一和初二两年系统地学习基本课程，数学，语文等开始采用统编教材。从中西二小直升的同学已学了四年英语，出于因材施教都编入丁班，用开明书店出版的英语教材。在校可以选修钢琴，我得到李明珍老师的指点，后来她调到上海音乐学院附中任教了。住校舍监吴景昭先生有名的严格，要求我们生活有规律，晚上熄灯查房。平时不请假不许出校门，教会了我们同学之间团结友爱，集体生活遵守纪律。中西女中图书馆藏书丰富，从此养成了读国内外文学名著的爱好。

初二暑假中西女中和圣玛利亚女中合并为上海市立第三女中：校舍仍在中西原址，优秀的老师还在，优良校风得到传承。我一直读到高中毕业。

记得初三课余到中国福利会少年宫担任小伙伴艺术团合唱伴奏，走在路上队员们都称我指导员，很是自豪。高中参加上海市中学生课余艺术团活动，同伴中很多具有艺术

陈陈在美国获得博士学位后回母校见薛校长

天分，如我们班的林玲成了专业钢琴家，现在加拿大多伦多教学。

1956 年夏天，我以数理化三个 100 分的成绩考进清华大学。在高考作文中我表达了向往三峡工程而选择电力为志愿，几十年后还真的实现了参与三峡电站建设的理想。我们高三 4 班共有三人考入清华大学电机系，除学习成绩优秀外，还全面发展：项协恭创造了清华跳远校记录，并保持了几十年；范莉云是校摩托车队员，参加了第一届全国运动会摩托车越野赛集训，她至今保持游泳锻炼。

我们的姐姐班中不乏校队的主力，中西的篮球队是上海中学生比赛中的常胜军，1954 年考入清华大学的队员们一入校和清华学生女子篮球队比赛就旗开得胜，立刻被吸收进了清华校队，很让我们骄傲了一番。我们同班中黄建文、毛正行等也都是校队主力。

我在清华电机系学习 (五年半制)，课余参加学校文工团钢琴队，学校又送我到中央音乐学院业余部学习两年半，获钢琴专业文凭。课程学习、课外活动加上钢琴课和练习，忙得我几乎挤掉了一切闲暇时间。1962 年春我以全 5 分的优异成绩毕业于清华大学，获优秀毕业生金质奖章，留校继续读研究生。

1966 年研究生毕业，至一机部大电机研究所转四川东方电机厂任工程师，工程实践的锻炼使我受益匪浅。1980 年经一机部统考选拔公派留学美国，获普渡大学电气工程学院的硕士和博士学位。

1985 年初等待回国的一个月期间，美国印第安纳州拉法耶特市交响乐团建团 35 周年纪念音乐会上我演出了刘诗昆作曲的《青年钢琴协奏曲》，开了向美国听众介绍中国当代音乐的先河，得到了经久不息的热烈掌声。

1985 年我到上海交通大学任教。1986 年回母校见到任中西和市三女中五十年校长的薛正先生，分外高兴。她回忆起当年为了早日回到祖国，放弃了美国哥伦比亚大学即将获得的博士学位，也为我获得博士学位旋即从美国归来而兴奋不已，亲自介绍我加入上海市欧美同学会。母校的老师常记得我 1956 年高考时数理化三门 100 分成绩，我也很高

在原中西二小和班主任康慧娟老师合影

兴有机会为母校高质量教学做一实证。

2010 年中西二小同班毕业 60 周年时聚会，看望了班主任康慧娟老师(89 岁)，和很有威信的江洁贞校长(105 岁)。她们以学生为中心的教学理念为从事教育的我们树立了榜样。我到上海交通大学任教后，成为电气工程学科的带头人，培养了将近百名研究生，更加体会到薛校长作为一位教育家的感想：一个人的力量是有限的，当你培养出许多学生时，作用就大了。

中西对我们的启蒙是我们终身学习的起点，同学们长大成人后都成为各有成就的人才，每当我们聚在一起时都对母校满怀感恩。

向永恒的母校致敬

1952年初二　范巴陵

我七八岁时，从上海师范附小放学回家的路上，常常在中西女中校门前驻足。有一年中西大草地三面环绕着的海桐林开花了，浓郁的清香飘过围墙，醉了半条江苏路。我当时就下定决心：一定要考进这里读中学。但是，父亲听说该校学费甚高，对于我们这个一贫如洗的家来说，是难以负担的，建议我考华师大附中。但是小学毕业时，我偷偷报考了两个初中，并且拿到了两张入学通知书(那时报考是自由的)。爸爸说：跟他一块去一次中西，找找校长，如果学费能减免，就同意我读中西。

我们去了。又黄又瘦又小的我，心中充满忐忑，但目光中充满了坚定的渴望。薛正校长接待了我们，在一番询问交谈之后，毅然拍板：免去这孩子的一切费用，若另有困难，学校还会资助。“你是我们建校以来，第一个免费生，要争气呦。”薛正校长风姿优雅地送我们到门口，低头对我说了这么一句话。我的回答被卡在喉咙口说不出来，只好用力地点点头，可是用力过大，满眼的热泪弄湿了薛校长的地毯。

开学了！我穿上了妈妈花了几天工夫，用手工缝制出来的全套新装：白士林布的圆领衫，蓝士林布的裙子，白袜子，黑布鞋。为了更“漂亮”些，妈妈还在邻居家讨了一条红布，给圆领衫滚了一条大红边。这一身打扮，大概给当时全校那些着装优雅的同学们，留下了一个惊诧的回忆?！但是，我很快地被大家热情地接纳了。现在估计一定是老师们在背后做了工作。不论我每天的衣着多么另类，她们似乎都视而不见。相反，对我那一口标准流利、音色甚美的普通话，却都大加赞赏。我的快乐幸福的中学时代，就这样开始了。

那一段时间里，有一段记忆十分深刻的事：抗美援朝战争打响了，全国掀起了参军参干的热潮。这个女孩子像娇艳的蝴蝶一样的花园里，高二、高三居然出现了一批报名者！

有一个高三女生的父母，死活不同意女儿上前线打仗，把她反锁在花园洋房二楼已经三天，她用绝食相抗争也无用。结果她写了一张字条，包上一张钱，揉成团从气窗里扔到了弄堂里，才使大家知道了她的遭遇。校园沸腾了，她家就在江苏路，离学校只有几分钟，一批批的同学利用午休和放学时间，跑到弄堂里去声援。而我这个最不安分的家伙，到木工间讨了十几根木棍，用报纸糊成小旗；拉下窗帘做了横幅，动员全班同学立即出发，一路摇旗呐喊地冲出学校去了。当教数学的黄老师跟着上课铃声进教室时，发现教室里只剩下两三个学生。

中学时代的范巴陵

黄老师浓眉大眼，表情严肃，身体伟岸。我的数学成绩又是所有课程中最差的，所以特别怕她。但当时我忘了逃的是数学课。我们声援回来，下课铃声已响，黄老师不动声色地说："范巴陵跟我到宿舍来一趟。"

我垂头丧气地进了黄老师的"闺房"，没敢打量那许多我从未见过的漂亮小饰物，只是老老实实地低头听从训诫。训话内容是什么，今天早忘了，但永远记住的是一个细节：她滔滔不绝的训斥终于停止时，突然起身去打开了一个金属柜子的门(我当时根本不认识那是冰箱)。从里面找了一些东西，装进了一个牛皮纸袋。然后回过身来，把一只大虫的干尸猛地塞进了我的嘴里。我吓坏了，只闻见一股腥气，又不敢往外吐。只听她仍然气哄哄地大声说："吃脱！大开洋，好吃来西！看看侬自家，格能瘦，还去喊啥个口号?！回去吧！以后要记牢：学生要有个学生样！"

我鞠躬退出，开始小心翼翼地咀嚼嘴里的那个"尸体"。天哪，真鲜呀！我家是北方人，这是我生平第一次吃开洋。我边走边打开纸袋，里面有小半斤开洋和两听炼乳——这，就是中西的老师。她会使你终生记住她的训斥，也会使你终生记住她的爱。

在那一场青年学生参军参干的热潮快要结束时，有一天中午去食堂吃饭，我恰巧走在薛正校长和教导主任的身后，听见了这样的几句对话：

教导主任："校长，学生们参军是去朝鲜的。那里……正和美国打仗。我们学校是美国的教会学校，经费全部……我们这样……会不会？……"

薛正："不论是哪个国家，哪个民族，哪种宗教办教育，要求学生爱祖国都是第一

任嘉兴市副市长时的范巴陵

要义。中西女中办在中国，中国学生爱自己的国家，天经地义。”她的声音平静、坚定，似乎她的态度也是天经地义。

当时我还是个十一二岁的孩子，听了以后并没有受到多大的震动，随着自己长大成人，在经受了几十年的风风雨雨之后，再回忆起当时的场景，才从内心深处感到震撼。薛正，我们终生未嫁的校长，您是一个真正伟大的教育家，一个我们终生都要仰望的人！

当时的中西有“三多”：图书馆里的书多，多到可以和后来的一些大学一比高下；钢琴多，五十间琴房、六十多架钢琴，为全中国中学之最；三是社团多，活动多，校园生活丰富多彩。小合唱闻名全市，黄淑帧等组织的小越剧团大有专业风范；我和尤赐圻（尤嘉）的话剧《破旧的别墅》，经常被邀请到各种大型文艺活动中去演出……但是中西及后来的市三的社团有一个特点：一切由学生自己组织，自己排练，自己发海报。服装、布景、道具、灯光、音响也全由学生自己动手做。因此，舞蹈社团的同学，经常集体拆了家中的缎子被面来做裙子（当然不许动剪刀，否则少不了挨妈妈暴打）。话剧社团有一学期排的是安徒生的四幕大型童话剧《雪女王》，女王华贵的白色长裙和拖地的头纱难倒了大家。最后好像是荣智和偷拆了家中客厅的意大利窗纱，大家又剪了无数香烟锡纸做的星星黏上去，才把李港丽装扮成冷艳的雪女王。

我是话剧社团的“台柱子”，但当时患有严重的慢性扁桃体炎，几乎一个月发一次高烧。碰上演出，无法缺席（没有B角），只好发着高烧上台，好几次变成化脓性扁桃体炎。校医认为必须尽早手术切除，否则会诱发心肌炎。我去汾阳路五官科医院打听，住院加手术需预缴60元。对于靠妈妈在马路边摆凉茶摊维生的我来说，这是一个根本不可能的天文数字。但是，1952年暑假的第三天，我却收到了住院通知单。我和妈妈大惑不解，赶到医院去说明放弃手术的原因。医院表示：费用已交齐，明天即可住院。

“谁交的？”

“好像是几个小姑娘。”

是的，是班主任老师组织全班搞了一次“募捐”，后来听说班主任拿出了半个月的工

范巴陵陪同金庸参观南湖烟雨楼

资，同学们拿出了各自的零花钱。住院期间，许多同学顶着炎夏的烈日，用毛衣、围巾小心包裹着棒冰、冰砖、冰牛奶来看我。我无法说话，只有微笑。但当姑娘们满头大汗地取出毛衣中的冰砖催我赶快吃时，微笑也掩饰不了满眶的热泪……

实际上，中西—市三的教师和同学们，对一个穷孩子的帮助不是一次两次，而是贯穿了中学六年，而且都是悄悄地、平谈的，实有若无地进行着。这也是中西(市三)的人文理念之一：尽力帮助需要帮助的人，同时保护被帮助者的自信和尊严。

高中毕业以后，满脑子理想主义情怀的我，报考了农业大学，理由是："中国最困难的地方是农村，最贫困的是农民，我要学好农业科技，为实现中国的农业现代化贡献力量！"

四年大学，经历了无数急风暴雨般的政治运动，由于父亲的"历史问题"，考试全优的我被判定"政治不及格"而在农大滞留整整十年。终于在1970年全国"拨乱反正"的形势下，正式走上了工作岗位，到一个酒精厂当工人。十三年间，由工人到技术员到工程师到副厂长。1982年，中央提出干部"四化"的方针，我阴差阳错地被列为对象，从上万名知识分子中筛选出来。1983年到嘉兴市担任副市长，这一当就是十五年。后来又转岗位到人大当了五年副主任。其间，担任了十年省人大代表，十年全国人大代表。2003年退休。

简历写完了，评价怎么办？还好，去年有一同事给我看了一本杂志，名为“文化嘉兴”。上面有我不认识的名为杨志冠的先生写的一篇文章，现抄录他的两段话作为交差：

“范巴陵从政府卸任后，写下了长篇小说《女市长》。《女市长》被文学界誉为最真实的官场小说。

“如今，她离开副市长的岗位已经十几年了，可嘉兴市的老百姓依然还经常说起她的名字。

“记得世界级顶级科学家——耶鲁大学终身教授许田，回家探亲接受《嘉兴日报》采访时说过的一段话：我们中间的大多数人是按部就班地成为地球生命链条中的一环：结婚、生子、养育孩子、赡养老人，为社会工作的同时获取自己的所需。而只有那少部分人，在推进社会发展的进程中，起到了不容替代的作用。

“还记得有人说过：99.99%的干部会被人遗忘。然而我想对范市长说：‘你属于那0.01%，因为老百姓心中有你。’”

杨先生的评价显然是过誉了。但是，如果我这坎坷起伏的一生中，真的曾经为社会、为群众做过一点有价值的事的话，那么，我首先要感谢的，就是我永恒的母校——中西(市三)。是她的教育理念塑造了一个充满激情的、理想主义的灵魂。在她的校园里，给了我们知识、能力、理想、信念、自信、坚强、爱与被爱。而唯一没有给我们的，就是功利！这也许就是这座百年老校曾经人才辈出的根源。育人——这才是教育的正道，教育的灵魂，教育的本真！

中西精神让我微笑面对人生

1952年初二　高俭明

1938年我出生于上海一个小康的家庭，不是非常富有，但很温馨。我父亲毕业于圣约翰大学，学的是经济，毕业以后就考到中国银行做点钞员。凭着他的敬业好学和工作业绩，中国银行派他到纽约大学留学，并和美国欧文银行联系开办中国银行美国分行的事宜。他从一个银行的点钞员一直做到了中国银行国外部的副总经理，这段路走得很不容易。那时正好是抗战期间，也是我们幼年的时候，我父亲在国外呆了很长一段时间，等他回国的时候我已经上小学了。

我父亲曾经说过，与其给孩子们积攒财富，不如提供给孩子好一点的教育，培养孩子自己有谋生的能耐。他从美国回来以后，即便当时只是一个普通职员，还是不顾学费的高昂，坚持把我们姐弟仨从一所普通小学转到了中西女中附属第一小学，这所非常著名的学校。1950年7月，我从中西小学直升中西女中。我和我姐姐在这所学校一直读到高中毕业，但是那时学校的校名变了。1952年7月，中西女中和圣玛利亚女中合并成立了上海市第三女子中学，校址是中西女中的校址，所以对我们来说，环境没有变，只是校名变了，老师和同学增加了。原来中西女中的校长薛正还是学校的副校长，薛正校长树立的学校的风气，教师的师德、教学的质量都是无可非议的。这就是我从小到大，生长和教育的环境，给我一辈子打下了很好的基础，使我能够胜任和承担以后所担负的所有工作。

高中毕业以后我考进了上海复旦大学物理系，在复旦大学这样一个高等学府里。虽经过了许多运动，但还是得到了谢希德等教授的亲自教导，从学术到做事，做人等各个方面都受到了很好教育。大学毕业以后，服从组织分配，到北京师范大学物理系任教。我热爱教师职业，全身心投入其中。

1979年夏，荣毅仁先生任董事长的中国国际信托投资公司正在筹备阶段，荣先生把

高俭明高中毕业照

我从北京师范大学调到这家公司，任他的秘书并负责外联工作。从此我告别了教师生涯，开始了一种新的生活。

我的工作，除了每天要负责荣先生的各项安排和一些日常事务，还要负责公司外联处的各项事务。我们除了安排日常的外宾接待工作以外还要操办一些大型活动，如公司召开董事会的接待、公司的五周年庆典活动，以及为外国公司来京设立办事处、代表处、联络处的申请和组办庆典活动。这段时间，我坚持每天早出晚归，挤公共汽车和地铁上班，每次路上要花一个多小时，根本没有时间顾及家里的孩子。我的生活进入了一个全新的天地，我学到了在学校里学不到的知识，打交道的是学校里完全不同的人群，应对的是各种各样的难题，极大程度的发挥和锻炼了我的勇气和能力。

1986 年我离开了中信公司，离开了北京，我出国了。1986 年 3 月，在朋友帮助下，我去过德国、西班牙，最后孤身一人带着 30 美元来到了美国，并在纽约定居下来。二十年来在国外旅居，从学习外语、学习开车开始，先后取得了纽约市教育局的教师执照和房地产经纪人执照，后来又和朋友合伙开了公司，在美国生存下来。我觉得不管到哪里，要创造一个新的生活环境，一定要忘记过去那些所谓的辉煌，不要和别人比，只要自己今天比昨天好就行！一切要从今天开始，过好我的每一个今天。

在美国期间，我没有忘记要为中国和美国之间建立桥梁关系，经常接待一些中国的朋友来进行考察和访问。我接待过北京市政府市政建设的团队，顺义县政府的考察团队，云南省建设公司的考察团队、人民银行分行的考察队、长江航运局考察密西西比河的代表团。我还帮助一些国内企业在纽约成立他们的分支机构。如：北京中实公司、三株口服液、宜兴陶瓷等。在我稍有实力时，我还赞助担保一些学生来美国留学。

我听到在一次克林顿的讲话当中，讲到了美国的医保可以包含中国的按摩和针灸，我就想到了中国的中成药出口问题，于是和朋友合伙开办了一个中国的中成药进口公司，从中国把中成药卖到美国去。那年我从中国北方一直走到南方，经人介绍或自己敲门作自我介绍，解释这个工作的意义，为把中国中药推销到国外去开拓了巨大的市场。我一共签署了 22 个独家代理协议，在持续的十多年当中，在国内许多工厂支持下，我们的经营一直运转良好，直到我退休。

在美国期间有很多社交活动，我一直过着低调的生活，只是在自己的生意和朋友范围内多做一些可以为大家服务的事。比如说，多次参加或赞助中国驻纽约总领事馆的活动和中国驻联合国大使团的活动。还有朋友接待的有些团队需要我们帮助的，我们都会尽力而为，帮助大家把接待工作做好。

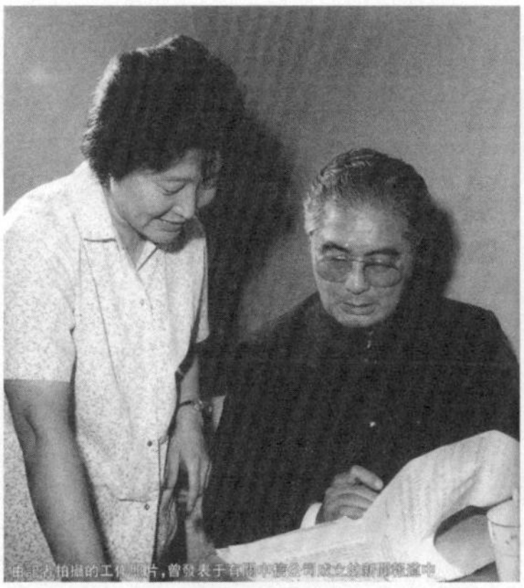

在中信公司当荣毅仁董事长秘书

微笑面对人生

我不会忘记当我在美国期间帮助过我的亲戚、同学和中外朋友们，尤其是伴我一起度过最艰难时期的中国留学生们，我和他们像亲人一样，在那个人生地不熟的地方一起奋斗、立足、生存。感谢他们给我力量，使我走出孤独、走出困苦，开拓了一片新的天地。

退休以后我决定叶落归根，我的子女都在北京，我就回到了北京。

我退休后的生活并没有闲着，零星地帮着搞了一些文化交流的事情，带着民乐团出国演出，有时也带着外国来的乐团在全国各地巡演，度过了很愉快的几年，与音乐家结成了很深的友谊；为一些需要我帮助的地方出点微薄之力，做做顾问，当当“救火队员”，为年轻人做好助手。

多年来我和一些老同学一直保持着联系，我们经常的聚会和交流，我们还约定要一起走遍中国的五湖四海，走遍世界各地。

让自己永远有个好的心态，保持心情愉快、保持身心健康，是我的宗旨，我的生活就要这样。最近有个厂家找我为他们拍广告片，结果朋友看了广告后说，他们用我是因为我的招牌微笑。我还不知道我自己有招牌微笑呢！

微笑伴我一生，没有微笑就没有我的成功，也没有我的快乐人生，更没有健康的生活。不管是幸福、是快乐，还是贫穷、坎坷、孤独、误解、遗弃，等等，所有的甜、酸、苦、辣我都可以微笑对待，我用微笑来享受我的人生，用微笑来应对我的艰难困苦。更由微笑给我带来了幸福生活。我相信不管生活有多么艰难，早上起来面对镜子先微笑着看一看自己。告诉自己我还可以笑，一切都可以过去。

2006年中学毕业50周年回母校与同学合影

最近我将自己在经历“文革”劫难后保留下来的珍贵照片整理、汇集，出了一本影集，名称就叫“微笑人生”。一张张的照片放在我的眼前，从小到老，一张张微笑的照片不管是不是我的招牌微笑，都是我的人生轨迹。我希望一直这么带着微笑生活下去，快乐的生活才是我追求的，我要的幸福是什么？就是健健康康、快快乐乐地活着，我总是开开心心的，我不但自己永远开心，还要让和我在一起的人都开开心心，只有周围的人都快乐了，我才可能有真正的快乐。每当聚会的时候，我总是希望我所到的地方都可以听到笑声。虽然在我的生活中曾经遭遇过太多的不愉快和磨难，但在每一个关口，都是中西女中曾经教导过我的“*Live, Love, Grow*”的精神激励着我，我坚强、自立。我知道我无法改变别人的活法，那么我就一定要离开那些会带来不愉快的根源，这样才可以让自己过上自由、放松、愉快的生活。我多么希望得到大家的理解、关爱、支持和祝福！

人只活一次，人生又是那么短暂，让我们好好享受人生吧！

（2015年1月6日）

我对光学研究的兴趣缘于中西女中

1952年初二　王兰娟

新中国成立刚一年，1950年8月，我就读于中西女中，是在中西女中打下了我人生的第一块奠基石。我良好的习惯和兴趣也得益于中学时代的培养。

中西女中的教育质量和对学生素质教育培养，包括人品、教养等都出类拔萃。中西女中的教师个个都令人难忘。我印象最深的是我们的物理老师徐尚均先生，她讲课生动、有条理。记得她讲到各种光学透镜、棱镜会做实验给我们看，奇妙的成像原理，七彩的光谱引起了我们许多遐想，也可以说在初中二时，徐老师就启蒙和激发了我对光学的兴趣。我也很幸运，以后我一生从事的科研都与光学有关，我对光学研究的兴趣缘于中西女中。我们的数学老师，她徒手在黑板上画的圆那真是一个完美的圆，粉笔铸成的圆深刻印在同学的心中。画的过程，须一丝不苟，完成后，须分毫不差。要求学生的作业也极其严格，也使我养成了严谨的学习习惯，尽量仔细做好每一件事，这也成了以后我工作和生活潜意识中所追求的目标。我们的英语课本用的是原版教材，上课时老师常会用英语对话，练习口语。我的英语基础也是在中西女中时打下的，在后来设计研究工作中，需要查阅外文文献资料，大多是英语，有了基础进修专业英语就方便不少。工作中，外语帮了我很大的忙。

中西女中的体育也是很有特色，刘祖信老师能将体育课上得让你非常开心，记得我们上体育课是在健身房，里面每个学生有个小柜子，放着每人的黑色健身短裤和白球鞋，上课时换上。常常是老师教体操，班上陈陈同学弹琴，我们学着做操，那种音乐伴奏美妙的感觉，也培养了对音乐的爱好。在中西女中时有单独学钢琴的课，我年轻时学的，至今已将步入老年，在老同事相聚时还能伴奏一曲，大家欢乐地歌唱。回忆起中西女中学习阶段，感恩母校各课老师的培养，奠定了我人生的基础。

中学时代的王兰娟

王兰娟工作照 (1982)

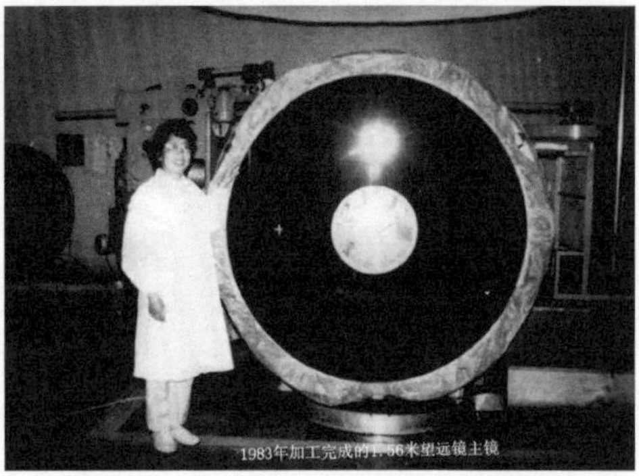

1983年加工完成的1.56米望远镜主镜

王兰娟工作的佘山天文台

1956 年我中学毕业，以第一志愿被浙江大学光学仪器系录取，1961 年毕业，分配到中国科学院上海天文台工作。从此与天文光学仪器结下了不解之缘。刚到天文台时，发现天文台仅有的几台天文仪器没有一架不是外国进口的，也较陈旧。而天文学家们多么渴望能用上国产的先进仪器。于是，当老一辈科学家们把制造国产望远镜的任务交给我们时，自己也暗暗下定了决心：一定要实现这个愿望。研制国产望远镜的托付就此拉开了我科研生涯的帷幕。

20 世纪 70 年代，我曾设计完成了 I 型和 II 型光电等高仪的光学系统，该仪器是我国自行设计制造的新型测时、测纬仪器。80 年代国际地球自转联测，II 型光电等高仪在全世界 85 架经典时纬观测资料中其精度独占鳌头，为我国在国际同行间争取了荣誉，并获全国科学大会奖。随后，我又主持设计了天体照相仪及 200 毫米天文望远镜的光学系统，这两架携带式的望远镜清晰地拍摄到了 76 年才回归一次的哈雷慧星以及在 1987 年日环食时出现的贝利球的照片，为我国天文学家取得了宝贵的研究资料。

根据我国天体测量工作发展的需要，中科院将研制口径 1.56 米天体测量望远镜列为院重点项目。我负责这架望远镜光学系统的全部设计及光学检测位测试等工作。论当时的条件，要建造这样大口径的望远镜确实困难重重。由于制造大口径望远镜体现一个国家科学技术和工业水平的发达程度，因此我与设计组的同志目标明确：要追赶世界上同类的美国海军天文台 61 英寸望远镜。在光学方面，我没有走美国海军天文台的老路，不仅缩短了镜筒，扩大了视场，也提高了成像质量。1990 年，“1.56 米天体测量望远镜”获中科院科技进步一等奖，1992 年获国家科技进步一等奖。在研制工作中我只是集体这棵大树上的一片叶子。正是光、机、电的完美配合，才有了这台望远镜。如今，这台望远镜仍在上海郊区佘山之巅，银白色的大圆顶内，一直发挥着它的作用。

回想起一生能做出一些成绩，要感恩母校的教育，在中学时代就打下了良好基础，使我能成为一名科技工作者，并有了今天与光影相伴的幸福人生。

母校中西赋予我宝贵财富

1952年初二　杨爂华

我无限怀念我的母校中西女中，她奠定了我坚实的人生基础。

1950 年 7 月，我从培真小学以优异成绩毕业，获得了培真小学给予的 100% 奖学金和直升培真中学的机会。但是我父亲十分重视教育，他要我考当时最好的学校中西女中，这也是宋氏三姐妹的母校。

我进了中西女中

我入学考试的成绩还算优异，但是进了中西还要进行英文的分班考试。我好胜心切，但培真小学的英语水平与中西小学相比还是稍逊一筹，于是利用假期，由二舅帮我补英文，经过努力，我的英文考得尚可，进了第二等级的班。初一上学期我们学的课本是英文原版书，半年之后改学中华书局统编教材。但就是这样，我们的英文基础还是打得很扎实，语法学得比其他学校多。这也使得在 1978 年改革开放后，我在七O四研究所的科研人员中英语比其他人强，在本所高级英语口语班中，我的英语口语得到复旦大学教师的肯定。这一切都要归功于我最最亲爱的母校——中西女中打下的基础。

母校是那么的美丽而又幽静，绿茵茵的草坪，风格独特装有艳丽彩色玻璃窗的大礼堂，还有荷花池、龙墙……我们在健身房上体育课，在小礼堂上音乐课，其乐融融，无比快乐。

母校的校风是那么严谨，教师是那么的负责敬业。

初一丙班主任兼语文老师但家璠先生和数学老师毛丹林先生给我留下了极为深刻的印象。她们是那么地和蔼可亲，但又严肃认真，对我们要求严格。记得语文课都要记笔记，还要考我们，收笔记本去批改。小测验经常是不通知的，都要打分的。记得初一学

杨燠华(前左二)在中学时代

杨燠华

期结束，但家璠老师把我叫到她的宿舍，即她的办公室，鼓励我说："你是全班第一，含体育音乐总分平均 87。"当时我心想，分数并不高么。但这是对我最大的鼓励啊！她高兴得还给我香蕉吃，也鞭策我一定要考出高分。

到了初二乙班，我的班主任是黄凤贞老师，听说她很严厉，但我并不害怕，接触她后，感觉她是个很和气的老人。在毛主席的"学生要做到身体好，学习好，工作好"的号召下，我既要自己学习成绩好，还要和同学在课后一起做作业，帮助同学提高学习成绩，同时又要做好少年儿童队大队长的工作。在课外活动时我们还要完成劳卫制体育锻炼的项目。我把每天的时间安排得很紧凑，终于经过努力，我以全学年 90 分以上（含体育、音乐学科）的学习成绩，和通过劳卫制二级标准，被评为三好学生。我感到母校氛围好，学习生活很快乐，同学老师之间关系融洽，每次考试得好成绩更是一件乐事。

成立中西女中少年儿童大队

我在 1950 年 9 月入学时，中西女中仅有 6 个队员，李幼秀、高迅燕，张大羽、李则信、杨燠华、王乃礼，都是在小学时入队的。在 1952 年上半年，在中西女中团委和大队辅导员的组织领导下（当时傅家祥是团委书记，团委里有高三雷璧芬和初三的赵国湘两人担任少年委员），一起帮助我们努力积极发展队员。1950 年我在培真小学时担任过副大队长，于是在少年儿童队大队选举时，我被选为大队长。

每个班级是一个中队，在班主任协助下我们迅速成立了各中队，孙迪平就是第一任中队长之一。很多年级里的好学生，学习尖子，要求进步的同学都申请加入少年队。我所在的初二乙班就有陈陈、荣智和、麦木兰、黄建文、朱亚芬、薛光南、虞含英等人加入少年儿童队。还有一些原来参加了宗教少年团契的同学也都退出了团契，自愿加入少年儿童队，戴上了鲜艳的红领巾。经过选举，成立了大队委员会，大队长杨燠华，副大队长过海珠，大队体育委员黄建文，大队旗手黄建文（兼）、王乃六（初一）。当时中西女中已拥有少年儿童队员 100 多人，中西女中少年儿童大队终于成立了。

我肩负着众队员们的委托，对工作尽心尽责，经常午休时间在小礼堂召开中队长会议，组织大队活动，中午或下课以后与队员、同学好友坐在大草坪上，眼望蓝天促膝谈心。我们曾举行过营火晚会，召开大队联欢活动，请著名电影演员黄宗英来大礼堂为我们朗诵诗歌……每次大活动都要以中队为单位排列成形，副大队长过海珠领呼队号，“时刻准备着”，举右手敬队礼，大队旗手擎着队旗走向前方，校辅导员王昌恒讲话。每次活动我要主持会议，准备大会发言等，虽然社会工作很忙，但我仍坚持帮助两名同学，课后一起复习功课，雷打不动。我觉得这非但不是负担，反而更好地巩固了所学的知识，这样我的学习成绩还更好了。黄凤贞老师很为我高兴，我成绩单评语是品学兼优。我的秘诀是上课专心听，下课必复习，复习完做作业，预习明天课，所以我的学习效率很高。倒不是我比别人聪明，而是我比较刻苦用功。另外我还关心国家大事，读报纸，早锻炼。早上七点，到校短跑，做垫上运动……我受学校委托，每天早上 7:50 必须准备好，在现五一楼二楼阳台升国旗。这是多么神圣而光荣的任务啊！我从来没有迟到过。升国旗，同时奏国歌，全校同学开始做广播操，一天的校园生活就开始了。在团委和校辅导的关怀和热情帮助下，在社会工作的历练中，在老师们谆谆教诲和高质量的教授中，我的知识和能力成长了，成熟了。我努力做到了学习、社会工作两不误。

入团入党是我人生的两件大事

1952 年下半年，已满 14 周岁的我加入了新民主主义青年团，我为成为一名光荣的团员而高兴。当时的我阅读了苏联小说，如《钢铁是怎样炼成的》《卓娅和舒拉的故事》《斯大林教养的人们》，还有中国吴运铎的《把一切献给党》《刘胡兰》等进步书籍，思想觉悟有了提高，又看到了50年代初参加军干校的陆以津、孙以兰和盛新英的火线入团；服从组织需要，不考大学留校工作的傅家祥、司罗素老师，深受感动。不久我被选为校团委委员，任组织委员。在新中国阳光的沐浴下，我健康成长着。

1952年7月5日上海市人民政府接管中西女中和圣玛利亚女中，两校合并成立上海市第三女子中学，全校师生欢欣鼓舞。我和圣玛利亚女中一名队员一起举着"上海市第三女子中学"的长方形校牌，从会场走出，经大礼堂门口一直走到校门口，此时全校师生是那么的欢欣鼓舞，在校门口迎接列队而来的圣玛利亚同学，大家握手言欢，在爆竹声中挂起了白底黑字庄严的"上海市第三女子中学"的校牌。我就是左边那个穿白衬衫扎两个小辫子挂校牌的小姑娘。

1956年我高中毕业的那年，傅家祥、王昌恒两位老师介绍已任校团委副书记的我加入中国共产党。高中毕业前夕，我被母校保送录取为留苏预备生，但因1957年中苏关系破裂，我们这一批人第二年又按高考成绩重填志愿录取在各大学。我如愿进入了清华大学动力机械系热能动力装置专业。1964年2月分配到现在的中船704研究所，我参与了首座核潜艇副机设备的设计、修复、安装、试运行。几十年中无论是中止出国，延长时间毕业，我均无怨无悔，我很幸运，在我人生成长的重要阶段是母校奠定了我的人生观、世界观。我在母校这一氛围中茁壮成长，母校教给了我做人的准则，真诚、热情、直率、执着。我没有辜负您的期望，我一生淡泊名利，服从祖国需要，党的号召就是我的志愿。我一生平凡，与世无争。我认真刻苦，作为国防科研战线上的一名高级工程师，努力工作，勇于拼搏，无私奉献，这些精神就是母校赋予我的财富，是无价之宝。

在清华大学时，蒋南翔校长要求我们又红又专，健康工作五十年，我做到了。在职时我不怕苦，不怕辐射，一心一意为国防科研效力。退休后正值改革开放时期，我又在704所下属公司和上海科学院民营企业和区民营企业工作了10年，发挥余热。至今我仍然为公益事业忙碌着。我是一个已有58年党龄的共产党员。在这58年中，我做到了以国家和人民的利益为重，服从组织安排。虽然我年纪在增长，但我为共产主义奋斗终生的决心永不变，我的信仰，我为人民鞠躬尽瘁服务的心始终如一。

（2015年1月28日）

我的母校情结

1952年初一　黄蜀芹[1]

我小学是在“中西二小”(现名永嘉路二小)上的，当时我胆小、木讷，又是一个插班生，在班里简直就是个哑巴，在课堂上甚至从不回答老师的提问。有一次，老师用一枚针吓唬我说；“让我试试你有没有嘴巴，会不会说话……”在操场上看到男生们跑来奔去，大声叫嚷，武力抢占着“山头”，我很害怕，觉得躲也躲不开，恐慌又压抑，干什么都缩在人家后面。

要考中学了，我报了三个志愿：中西、务本女中、市西，结果三校都录取了。如何选择呢？我第一个想法是：不去男女同校，我要进女中。再选择呢？考试时我记住了中西女中那片大草地，这是我见过的最大的草地，真令人向往，我梦想着能坐在那里，能躺在上面打滚……于是，毫不犹豫地选择了它。一年后，学校改名为“市三女中”。

六年女中生活，如今已过去四十五年，但仍然记忆犹新。我很幸运自己的生命长河里有这么一段美丽时光。

12～17岁，每个女孩生长发育的关键年龄，也是性格逐步形成的阶段，我也同样。这六年里，我渐渐从一个闷郁丑小鸭变成一个开朗、自信的女孩。个头也疯长，超过了一米七。记得我们在校园里玩“伏虎”，还同时参加篮、排两球队的训练。更有甚者，

---

① 1964年毕业于北京电影学院导演系，1961年开始当导演，是有艺术理想、创作态度严谨、创作想象力丰富、有成就的女导演。1993年起担任第八、九届全国政协委员，并任上海电影家协会副主席。她曾受聘担任叙利亚大马士革第十一届国际电影节、第十二届印度海德巴特国际青少年电影节评委，第六届国际上海电影节评委。近二十年来，她执导的电影主要有：《青春万岁》《童年的朋友》《人·鬼·情》《画魂》《我也有爸爸》《嘿，弗兰克》，三部极有影响的电视连续剧是：《围城》(十集)、《上海沧桑》(五十集)和《孽债》(20集)。她导演的影片、电视剧曾荣获“飞天”“童牛”“金鸡”“金鹰”等奖中的最佳影片、最佳导演、最佳表演等大奖；《围城》被评为五十年来五十部中国优秀电视剧精品之一；《人·鬼·情》被评为五十年中国五十部优秀电影之一。

为了我们喜爱的年轻生物老师，几个女生会在星期天到校园里狂奔一整天，为的是想抓住一只野猫，供献给老师解剖用……学生时代，有一个能充分喊叫、尽情奔跑的时期非常必要，能充分打开自己和释放自己。市三大校园为我们做一回“疯丫头”创造了最好的条件——那里没有男生挑衅的目光。

黄蜀芹

当我1983年执导影片《青春万岁》时，总是以我的市三经历去体味剧中的人物与情节。著名作家王蒙的同名小说写的是建国初期的高三生，比我长六岁，而且是北京一所教会女中的故事。而演员们呢？都是八十年代青年，她们不理解剧中人为什么会那么“疯”、那么“傻”。比如说，住读生半夜里钻进别人的被窝里谈心；掏心掏肺地批评别人，才算是对她最好啦，等等。我就跟她们讲：我初中的时候，有两个最要好的同学，三个女生总是合记一本日记，写点班级里的事啦，写点自己对别两个挚友的批评、提醒啦，等等。几十年后看来其实全是“芝麻绿豆”，但当时那种赤诚、那份认真是那个时代、那个年龄的女生们特有的。我说：“你们好好想想自己疯闹的年龄。”她们都听傻了。影片里还有一场戏，郭凯敏扮演的区团委书记田林到女生宿舍找学校团干部郑波（张闽饰）时，其他女生们全都有了异样的兴奋，却又故作正经的样子……但演员们说这有什么好兴奋的。我就想起当年，我们喜欢的生物老师徐静娟先生，她只大我们几岁，刚大学毕业就到校工作了，从心里说我们更把她当做大姐姐．有一次，几个同学相约，傍晚时分躲到她家的弄堂里，等一个高个子海军大哥进她家门后，我们也去按了门铃。然后，在老师家坐着，那种莫名的捣蛋鬼的兴奋劲儿差不多持续了一周。我对演员们说：“时代不同。开放的程度也不同了，但青春期女孩的感觉永远会是一样的，你们好好体会……”

我很幸运能在女中时代“打开自己”，那已完全不是小学里害怕男生、躲到角落去的女孩了。我开始尝试着用自己的眼睛看事物，用自己的心灵去感受世界了。

1957年离校后，二十年来经历着社会上各种风风雨雨。它不断教育着我：社会可不是女子中学，女生们疯闹的天堂只存在于校园之中。有时受挫折后我会想：“女中”生活

1992年黄蜀芹导演《画魂》期间，和巩俐一起到市三女中和全体师生见面

是否太脱离社会，以致到社会上都单纯得像个傻子？待得磨难后的冷静思考，市三教育同时给予我的“知性”力量又起作用了。它告诉我：要正视现实，清醒地承认千年社会的本质仍是男权社会，我国主张男女平等是政府的主张，所以妇女受到一定的权益保护，但它并不是社会经济发展到相当高度后，具备了真正性别平等的条件的，做到真正平等的路还很长。冷静的思考，知性的认识，使我在1987年拍摄了电影《人·鬼·情》。这是部借助一个女扮男装(而且是扮演“鬼”——钟馗)的女演员成长的故事，思考了女性在社会上性别两难的尴尬内心历程。我曾携带此片赴法、奥、美、日等国参加影展及女性电影的国际研讨会。我阐述了一个观点：如果说一部电影是导演眼中所示风景的话，那么，男性视角——即主流视角，也含很多女导演电影的视角——可称为向阳的南窗风景，而我尝试着另辟一扇东窗：从那里看同一片风景却是不同的景象，阳光最先从这里射入，自有其独特的明媚。一些影评人把它称为“东窗光景”论。应当说，这部影片是我作为一个女性、一个导演比较成熟的影片，不仅靠经历体验，还靠“知性”，而这个“知性”的基础形成也是在市三校园，她教给我：认识自己，认识自己与社会的关系。把所有的经历体验化作冷静的理性认识，就会变成一种知性认识了。

黄蜀芹和采访她的吴悠等同学合影(2002.2.8)

现在，我每次返校都会静静地望着大草地，望着那些奔跑、疯闹的女孩们，我会想起我们的老校长、终身名誉校长薛正先生。我听说八十年代初她重新访美时，原中西、市三校友们纷纷向她捐款、送物，可她什么都不要，只带回来一件东西：电动推草机。薛正她爱大草地，她是奉献终身为女子教育的伟大园丁！

大草地是母校的胸怀，它为祖国培养着一代又一代有理想的知性的青年女性。在我心中，大草地永远是我看到过的最大一片绿草地。

后 记

历经两年的努力，“上海中西女中校史”系列终于在期盼中问世了！我为此感到高兴和激动：经过海内外中西校友的齐心协力与合作，完成了一件非常有意义的大事，把历史上这所著名女校的风貌通过校友的笔生动地再现并保留下来，让更多的人能走近和了解这所历史名校。当我们打开这本书，能详细了解这所学校在历史长河中走过的岁月和发展历程，能深切感受到这套书所渗透和散发出来的校友对于母校的深厚感情，对于老师的感恩之心，对于学校生活同学情谊的美好回忆。

在这套书的策划撰写出版过程中，主要是上海和美国两方面的同学会在合作工作：一方是“上海中西、圣玛利亚、市三女中同学会”的“中西校史工作组”；另一方是由美国 47 届校友陈晋明率领的“美国西部中西同学会”工作组。我有幸作为上海同学会的副会长成为中西校史工作组的一员，直接参与了这项工作，有机会与中西的学姐们共同商议。在这个过程中，我时时被学姐们认真、执着的工作精神以及对于母校的深深热爱所感动。

上海中西校史工作组由中西女中校友代表组成，她们是：徐美贞 (1946 届)，汪绍兰 (1949 届)，丁一明 (1950 届)，巫漪云 (1951 届)，傅家祥、萧家珣 (1952 届)，同学会副会长司罗素 (1952 届)、宋凤 (1967 届)。除了我和宋凤之外，她们都是 80 多岁的老人了。但是，对于每一次会议，她们都认真参加并积极发表意见，提出建议，除了本人撰写文章之外，还做好校友的发动组织工作。还有 1952 年 7 月前在校的高二至初一的中西校友，她们在各届联络人的发动下也积极行动起来，回忆了很多有价值的校史资料。

2014 年 7 月听到圣玛利亚校史正式出版的消息后，海外校友陈晋明就决定要花两年时间在中西校史的出版工作上。两年来，年近 90 的她把全副精力和时间投入本书的筹划上，积极筹集资金、发动海外校友、与同届的张珑、张罗罗一起选稿、翻译、写稿审稿，为本书的出版做了大量工作。

我在与她们共同工作的过程中，体会到“中西精神”：Live, Love, Grow；体会到这种爱是一种对于学校、老师、同学、家庭、国家的博大的爱。怀着这份爱，她们在人生的道路上努力奋斗过，今天在耄耋之年又把这份爱贡献给“中西校史”这套书。我们从这套书的内外，都可深切感受到这份洋溢着的爱。

一所学校造就了她的学生，但是一届一届的校友，又在不断谱写新的历史篇章、塑造新的学校形象、创出新的辉煌。从这个意义上来说，一所学校的历史是由她的学生所创造的。中西女中，这所创建于19世纪末上海滩的著名女子学校，曾培养了一大批杰出的女子人才，她们中有科学家、外交家、艺术家、教育家、社会活动家、医学专家……更造就了一大批秀外慧中的优雅女性，在各自的岗位上为社会做出了贡献。她们，见证了中西女中的发展，她们，就是中西女中的历史。

今天，我们在读这本书时，由衷地感谢她们，为她们感到骄傲！

何亚男
(1964届，中西、圣玛利亚、市三女中同学会副会长)
2016年4月